W0197126

Mary Ellen Jordan Haight

Spaziergänge durch Gertrude Steins Paris

Aus dem Amerikanischen von
Karin Polz

Arche

Inhalt

1. Auflage Mai 1989
2. Auflage März 1990
3. Auflage November 1993

Copyright der deutschsprachigen Ausgabe:
© 1989 by Arche Verlag AG, Raabe+Vitali, Zürich
Alle Rechte vorbehalten
Die amerikanische Originalausgabe erschien 1988 u. d. T. *Walks in Gertrude Stein's Paris* als Peregrine Smith Book im Verlag Gibbs M. Smith, Inc., Salt Lake City
© 1988 by Mary Ellen Jordan Haight
Umschlag: Max Bartholl, Frankfurt
(Foto: George Antheil und Sylvia Beach vor Shakespeare und Company, um 1924)
Satz: Uhl+Massopust, Aalen
Lithos: Photolitho, Gossau/ZH
Druck, Bindung: Wilhelm Röck, Weinsberg
Printed in Germany
ISBN: 3-7160-2082-6

Für Raymond, dessen Vertrauen, Unterstützung und Freundschaft mir bei jedem Schritt geholfen haben, und für R. L. H. 3, für J. H. H. 1&2 und für D. R. H.

Wie geht man mit diesem Buch um?

Sie finden in diesem Buch fünf Vorschläge für halbtägige Spaziergänge durch die Stadtviertel des linken Seineufers, doch handelt es sich dabei keineswegs nur um Marschrouten und die Besichtigung von Sehenswürdigkeiten. Sie sollten zunächst einmal lesen, bevor Sie sich auf den Weg machen, um ein Gefühl für jene Zeit zu bekommen, in der Künstler, Denker und Berühmtheiten die Rive Gauche bevölkerten, jene Blütezeit zwischen 1900 und 1940, und Sie werden sehen, wie leicht und wie häufig sich die Wege der großen Geister in der Pariser Bohème kreuzten.

Die *Spaziergänge durch Gertrude Steins Paris* führen ausschließlich durch Stadtteile des linken Seineufers, in denen sich außerdem fünf bedeutende Museen befinden. Der erste und zweite Spaziergang beginnen am »Trödelladen für alles, was das Herz begehrt« von George Whitman – werfen Sie einen Blick auf den holzschnitthaften William Shakespeare, der über dem Eingang hängt. Schon die ursprüngliche Buchhandlung Shakespeare and Company von Sylvia Beach war ein Mekka für die englischsprachigen Bewohner von Paris, aber natürlich auch für Touristen. Wenn Sie gut zu Fuß sind, können Sie den ersten und zweiten Spaziergang, den ersten und dritten Spaziergang, den vierten und fünften Spaziergang oder den dritten und fünften Spaziergang miteinander verbinden. Am besten prägen Sie sich die Route ein, bevor Sie losgehen, und halten den Stadtplan griffbereit.

Da die *Rive Gauche* dafür berühmt ist, daß man auf ihren prächtigen Boulevards besonders gut bummeln oder in einem der vielen Cafés sitzen kann, ist für jeden Spaziergang eine Pause vorgesehen, in der Sie sich irgendwo niederlassen können, um einen *café crème* oder einen starken Espresso zu bestellen und die Atmosphäre des Vergangenen auf sich wirken zu lassen. Obwohl die Routen so konzipiert sind, daß ein *boulevardier* sie in etwa zwei Stunden schaffen kann, sollten Sie sich für Ihren Spaziergang mindestens die doppelte Zeit nehmen, denn die vielen Straßen und Seitenstraßen bieten reichlich Ablenkung. Wenn Sie in den Morgenstunden zu einem Spaziergang aufbrechen, finden Sie rund um bestimmte Häuserblocks Verkaufsstände aufgebaut, am Nachmittag haben Sie vielleicht mehr Gefallen an Schaufensterauslagen und gemütlichen Cafés, am Abend lohnen sich ein oder zwei Abstecher, um Straßenmusikanten zu hören. Nehmen Sie sich unbedingt viel Zeit für die Museen, vor allem, wenn Sie zum erstenmal in Paris sind. Wenn Sie außerdem Rodins Garten besichtigen wollen, müssen Sie in Ihrem Zeitplan noch ein paar Stunden mehr vorsehen.

Um Hemingway zu zitieren: »Wenn du zu den Glücklichen gehörst, die in Paris gelebt haben ... dann trägst du die Stadt für den Rest deines Lebens in dir, wohin du auch gehen magst, denn Paris ist ein Fest fürs Leben.«

Schauplatz Rive Gauche

Gertrude Stein mit ihren Brüdern Leo (links) und Michael (rechts) vor ihrem Atelier 27, rue de Fleurus, um 1907.

In den ersten vierzig Jahren dieses Jahrhunderts war Paris das Zentrum für Literatur und Kunst in Europa. Die Stadt des Lichts mit ihren breiten, von Bäumen gesäumten Boulevards und der romantisch dahinfließenden Seine, die die Weltstadt in zwei Hälften teilt, die *Rive Gauche* und die *Rive Droite*, hat Scharen von kreativen und abenteuerlustigen Amerikanern angelockt, die sich von der homogenen Atmosphäre der industrialisierten Vereinigten Staaten eingeengt vorkamen. Die ersten Reisenden fühlten sich von der traditionsreichen, höchst verfeinerten französischen Kultur angezogen, deren *Belle Epoque*, das Goldene Zeitalter, gerade zu Ende ging. Die äußere Schönheit der Stadt Paris und ihr besonderes Flair, eine anregende Mischung aus Lebensfreude und Lebensmut, trugen viel dazu bei, künstlerische Experimente zu fördern. Diese zukunftsweisenden, spätromantischen Künstler wurden als die Avantgarde bekannt.

Schon im späten 19. Jahrhundert begann der kulturelle Aufstieg der *Rive Gauche*, als die französischen Modernisten der Avantgarde auf das linke Seineufer, in das Quartier Latin und auf den Montparnasse, hinüberzogen, weil die Hänge des Montmartre auf der rechten Uferseite sich mehr und mehr bevölkerten. Die kleinen Familiengehöfte und Weingärten, die der Landschaft des Montmartre ihren besonderen Reiz verliehen hatten, waren verschwunden. So war der Zustrom auf das linke Seineufer ein Zeichen dafür, daß sich das 19. Jahrhundert tatsächlich seinem Ende zuneigte. Neu zugewanderte Amerikaner, *émigrés* mit regelmäßigem Einkommen oder ausreichenden Renditen, quartierten sich in eleganten Wohnungen in den *hôtels particuliers* aus dem 17. und 18. Jahrhundert ein, die vor allem im 6. und 7. Arrondissement lagen. Finanziell weniger Abgesicherte wohnten in kleinen, unhygienischen Zimmern im 5. und 6. Arrondissement.

Im Vorwort zu Jean Rhys' Erzählband *The Left Bank* (1927) bemerkt Ford Madox Ford, daß die Pariser *Rive Gauche* das psychologische und intellektuelle Gegenstück zur *Rive Droite* sei. *Rive Gauche* stand symbolisch für alle »left banks« der Welt. Es galt als Hauptstadt für die Außenseiter der Gesellschaft.

Die meisten Auslandsamerikaner, die vor dem Ersten Weltkrieg nach Frankreich gekommen waren, fühlten sich in ihrer eigenen Kultur als Fremde, denn sie bezog ihre Impulse immer noch aus der Gleichförmigkeit und Dumpfheit des Viktorianischen Zeitalters. Schriftsteller, Maler, Architekten, Musiker, Kunsthandwerker, Tänzer, Stückeschreiber und Modedesigner kamen nach Paris, um sich aus dieser Tradition zu lösen und völlig neue, oft skandalöse Dinge zu schaffen. Die erste Welle von amerikanischstämmigen Bohémiens zog es nach Paris wie Pilger zum heiligen Schrein, und viele ließen sich hier für den Rest ihres Lebens nieder. Im Vergleich zu ihrem Heimatland schien ihnen Paris tolerant gegenüber jeder noch so extremen Lebenserfahrung.

Als Gertrude Stein 1903 nach Paris kam, wo sie mit ihrem Bruder Leo eine gemeinsame Wohnung bezog, hatte sie längst beschlossen, ihr zukünftiges Leben der Literatur und dem Schreiben zu widmen. Das Medizinstudium war ihr langweilig geworden, und sie verließ die medizinische Fakultät der John Hopkins University in Baltimore noch vor ihrem Examen. Kaum hatten die beiden Steins ihren gemeinsamen Haushalt eingerichtet, begannen sie, die Wände ihres Ateliers mit Werken moderner Künstler wie Henri Matisse, Paul Cézanne, Georges Braque und Pablo Picasso auszuschmücken. Zahlreiche Künstler wurden zu den Samstagabendtreffs eingeladen, wo sie sich zwanglos mit reichen Kunstförderern, Touristen, sich mühsam durchbeißenden amerikanischen Schriftstellern und Malern, Exzentrikern und europäischem Adel mischten. Diese bunte Gesellschaft hatte sich der großen Kunst verschrieben und war angezogen von Gertrude Steins eindrucksvoller Persönlichkeit, später auch von ihrer Berühmtheit. Nicht alle Gäste waren mit dem Geschmack der Steins einverstanden. Als 1908 die amerikanische Malerin Mary Cassatt die Avantgardewerke sah, die sämtliche Wände bedeckten, rief sie entsetzt: »Noch nie habe ich so viele scheußliche Bilder auf einem Haufen gesehen. Noch nie habe ich so viele entsetzliche Leute auf einem Fleck getroffen. Ich möchte auf der Stelle nach Hause gebracht werden.«

Gertrude Stein übernahm den Kubismus als Ausdrucksform, wie sie ihn in den Werken ihres engen Freundes Picasso visuell verwirklicht gefunden hatte. »Ich stand damals mit meinem Verständnis für ihn allein da, vielleicht weil ich das gleiche in der Literatur ausdrückte, vielleicht weil ich Amerikanerin war, und Spanier und Amerikaner haben Verständnis, ja, wie gesagt, ein gewisses gleiches Verständnis für die Dinge«, schreibt sie in ihrem Essay *Picasso* (S. 21). Für manche Zeitgenossen gilt ihr Werk immer noch als eine ständige Wiederholung des Gleichen, ja sogar als unsinnig, und es war wesentlich ihre Autobiographie, die sie ihrer Lebensgefährtin Alice B. Toklas zuschrieb, durch die sie Anerkennung und finanzielle Unabhängigkeit erhielt. Die *Autobiographie von Alice B. Toklas* (*The Autobiography of Alice B. Toklas*, 1933*) ist weit bekannter als Gertrude Steins übriges Werk, und sie gilt als eine der wichtigsten Autobiographien in der amerikanischen Literatur.

»Amerika ist meine Heimat, aber Paris ist mein Zuhause«, notierte Gertrude Stein. Für die jungen Amerikaner repräsentierte sie die Art von Freiheit und Kreativität, die sie selbst in Paris suchten. Für die Franzosen gilt Gertrude Stein noch immer als die wahre amerikanische Emigrantin, deren Werk und Einfluß sich erst in Frankreich entwickelten.

Viele andere moderne Künstler nach dem Ersten Weltkrieg hatten ein ebenso starkes Bedürfnis, sich in den Künsten von den amerikanischen Vorstellungen, die sie in sich trugen, freizumachen, doch sie waren tatsächlich Vertriebene und nicht freiwillig Exilierte. Die meisten von ihnen waren arm und hatten Paris durch den Krieg zum erstenmal gesehen. Für die Schriftsteller Ernest Hemingway, John Dos Passos und e. e. cummings war Paris als Kunststadt die lebendigste

* Die in Klammern angegebenen Jahreszahlen beziehen sich auf das Erscheinungsjahr des Originaltitels.

der Welt. Das Leben dort war billig, und sie konnten mit anderen Amerikanern in den Cafés zusammensitzen. Paris war auch durch die inzwischen berühmte Gertrude Stein zu einem wichtigen Schauplatz geworden, und die Emigranten der Zwanziger Jahre bemühten sich immer wieder um Einladungen zu ihren Soireen.

Nach dem Ersten Weltkrieg nannten die Europäer die jungen Leute zwischen achtzehn und fünfundzwanzig die »lost generation«, *une génération perdue,* weil ihnen derjenige Abschnitt ihres Lebens geraubt worden war, in dem der Mensch sich in seiner Kultur einzurichten beginnt und sich seiner Zivilisation inne wird. Verglichen mit der Jugend früherer Generationen hatten diese jungen Kriegsveteranen kein Ziel, waren rastlos und sahen im Leben keinen Sinn. Ein Automechaniker aus Belley in Frankreich, der mit der Reparatur von Gertrude Steins Auto beschäftigt war, erzählte ihr währenddessen von seinem völlig unfähigen jungen Mitarbeiter und charakterisierte ihn als einen typischen Vertreter dieser verlorenen Generation. Stein gab die Bemerkung später an Ernest Hemingway weiter, der sie als Motto für seinen Roman *Fiesta* (*The Sun Also Rises,* 1926) verwendete. In diesem Roman charakterisiert Lady Brett Ashley die Persönlichkeitsstruktur der Lost Generation als selbstzerstörerisch, doch projiziert sie diese Haltung auf ihre Freunde. Der Begriff charakterisiert nicht nur die jungen europäischen und amerikanischen Veteranen, die immer noch in Europa waren oder dorthin zurückkehrten, sondern auch die Scharen von Amerikanern, die in den Zwanziger Jahren im Ausland lebten und reisten und deren Mangel an Verantwortungsgefühl und ökonomischer Sicherheit als selbstzerstörerisch angesehen wurde. Viele dieser Leute, die keine ernsthaften Schriftsteller oder Künstler waren, wollten sich die Sinnlosigkeit ihres Lebens nicht eingestehen und gaben sich statt dessen alle Mühe, die Illusion aufrechtzuerhalten, daß sie alles im Griff hätten. Sie nannten sich ganz einfach die Verfechter einer neuen sozialen Aufgabe: die Pariser Bohème als Lebenserfahrung. Paris war für viele der letzte Kampfplatz. Sie flüchteten sich in die Überzeugung, daß ihr In-sich-selbst-vertieft-Sein, wie Selbstverwirklichung oder Kreativität, eine reine Ausdrucksform des Ästhetischen sei. Ähnlich war es in der Literatur, wo die innere, private Welt des modernen Künstlers mit den Mitteln experimenteller Sprache und neuer literarischer Formen erforscht wurde. In den Kunstwerken, Theaterstücken, Fotografien und in der Musik lag der Schwerpunkt auf der Bedeutung der Kunst, wie sie ihr Schöpfer verstand, nicht ihr Betrachter. Sigmund Freuds Studien zum Unbewußten und seine Traumdeutung wurden plötzlich populär und trugen dazu bei, die individuelle innere Erfahrung als Gegenstand zu legitimieren und zum Material der modernen Kunst zu machen.

Als der Dichter Hart Crane Anfang 1921 nach Paris kam, schrieb er an einen Freund: »Paris ist wirklich eine Herausforderung für einen Amerikaner. Dinnerpartys, Soireen, Dichter, launenhafte Millionäre, Maler, Übersetzungen, Hummer, Absinth, Musik, Promenaden, Austern, Sherry, Aspi-

rin, Bilder, sapphische Großerbinnen, Verleger, Bücher, Seeleute. Und wie!« Crane, dessen Großvater die Schwimmweste erfunden hatte, sprang drei Jahre später vor der Küste von Florida von einem Schiff und ertränkte sich.
1917 kam eine weitere Amerikanerin nach Paris, die für den Rest ihres Lebens dortblieb: Sylvia Beach. Sie war die Tochter eines presbyterianischen Pfarrers in Princeton, New Jersey, und eröffnete 1919 in Paris eine englischsprachige Buchhandlung mit Leihbibliothek, den sie Shakespeare and Company nannte. Shakespeare and Company erlangte als Treffpunkt für Intellektuelle, Schriftsteller, Künstler, Kunstkenner und -liebhaber schnell Bedeutung. In ihren unveröffentlichten Memoiren, die aus dem Jahr 1934 datiert sind, schreibt Sylvia Beach: »...dort floß ein träger Strom von kurz innehaltenden Verrückten und jenen seltenen Leuten von wahrem Talent, die es zu dieser Zeit auf unserem Globus gab. Diese verschwanden dann in einen hinteren Raum und verliehen dem Laden die Atmosphäre eines Ortes, an dem Dinge passierten, die alle, die dorthin kamen, anregten und in Aufregung versetzten. Die elegante Erscheinung von James Joyce, das braungebrannte Gesicht und die breiten Schultern von Ernest Hemingway, der Bart von Léon-Paul Fargue, André Gide mit seinem Cape, Sherwood Anderson – es war ein Ort, wo Menschen, die existierten, lebten, und Menschen, die lebten, ihr Vergnügen hatten.«
Dem amerikanischen Börsenkrach von 1929 folgte eine weltweite Wirtschaftskrise und eine große Rezession. In Literatur und Kunst der dreißiger Jahre spiegelt sich diese sozioökonomische Krise in der Zunahme an sozialen und politischen Themen, und auch die Rückkehr zu moralisch integren und stark ethisch motivierten Erzählungen ist ein Reflex auf die Krise. Bekannte Künstler bezogen aktiv politisch Stellung. Ezra Pound ging von Paris nach Italien und unterstützte die Faschisten. Pablo Picasso mußte sich mit dem Aufkommen des Faschismus in seinem Heimatland Spanien auseinandersetzen. André Gide ging zu den französischen Kommunisten, Céline wurde Faschist und verschwand nach Afrika, und Gertrude Stein entdeckte die Demokratie in Amerika.
1926 wurde Shakespeare and Company zum Pariser Hauptsitz des Walt-Whitman-Komitees, das dem neuen Walt Whitman-Committee of the Authors' Club in New York helfen sollte, Gelder für ein Monument zu beschaffen, das im Battery Park in New York errichtet werden sollte. Der Bildhauer Jo Davidson, ein enger Freund von Sylvia Beach, hatte die Entwürfe gemacht. Sylvia Beach besaß einige Autographen von Walt Whitman. Aus Anlaß der Stiftungsgründung fand vom 21. April bis zum 20. Juni 1926 in der Buchhandlung eine Ausstellung statt, in der Manuskripte, Erstausgaben, Fotos und Zeichnungen von ihm zu sehen waren. Das Denkmal in New York wurde niemals errichtet, aber Whitmans Werke waren von nun an in Frankreich etwas besser bekannt.
Whitman hatte einen wesentlichen Einfluß auf moderne Autoren in aller Welt. Valery Larbaud war achtzehn Jahre alt, als er Walt Whitmans Schriften für sich entdeckte. In seiner Hom-

Sylvia Beach und James Joyce bei der Lektüre der ersten Rezensionen über »Ulysses« in der Buchhandlung Shakespeare and Company, 1922.

mage an *Paris de France,* der Whitmans Ausspruch »Ich bin ein echter Pariser« als Motto vorangestellt ist, schrieb er 1925: »...das hindert uns nicht daran, jene Pariser brüderlich willkommen zu heißen, die nicht aus Frankreich stammen, das heißt, Ausländer, die zur materiellen Kultur der Stadt Paris und zu ihrer geistigen Stärke haben beitragen können und noch heute beitragen wie Walt Whitman.« (*Le Navire d'Argent,* Nr. 1, vgl. *The Very Rich Hours of Adrienne Monnier,* S. 51 f.)
In den dreißiger Jahren, in der Spätphase der Moderne, mußten viele Amerikaner, die in Paris von kleinen Erträgen aus ihrer Arbeit oder aus Kapitalanlagen lebten oder aber von familiären Darlehen oder Zuwendungen, wegen des Wertverfalls des Dollars nach Hause zurückkehren. Die Erfolgreichen oder Gutsituierten blieben in diesem Jahrzehnt dort, doch als 1940 Paris an die Nazis fiel, gingen die glorreichen Jahre dieser Epoche der Moderne zu Ende. Die strahlende Stadt, *La Ville des Lumières,* wurde düster.

Erster Spaziergang
Das Literatenviertel

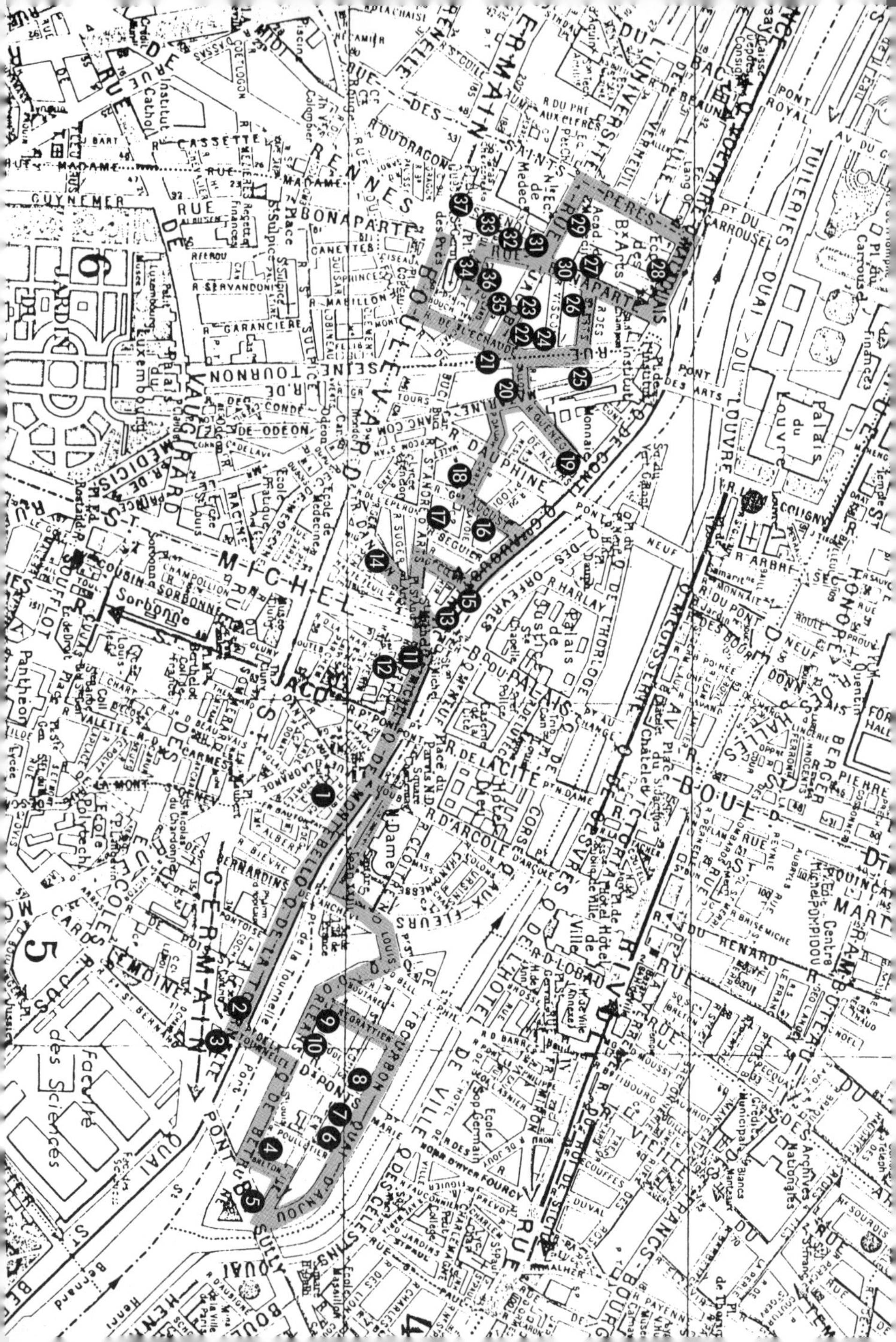
RUE MADAME
GUYNEMER
R. CASSETTE
RENNES
R. DU DRAGON
RUE BONAPARTE
R. SERVANDONI
R. MABILLON
R. GARANCIERE
R. DE TOURNON
SEINE
DE CONDÉ
DE ODEON
MEDICIS
R. DAUPHINE
PONT DES ARTS
PT DU CARROUSEL
PONT ROYAL
TUILERIES
Palais du Louvre
PONT NEUF
Sorbonne
Panthéon
Faculté des Sciences
PONT SULLY
Q. D'ANJOU
BERNARDINS
R. DE LA CITÉ
R. D'ARCOLE
Palais de Justice
Centre POMPIDOU
RUE DU RENARD
1
2
3
4
5
6
7
8
9
10
11
12
13
14
15
16
17
18
19
20
21
22
23
24
25
26
27
28
29
30
31
32
33
34
35
36
37

Métro: Saint-Michel
Busse: 24, 27, 47, 63, 86, 87

Beginnen Sie diesen Spaziergang an der Place Saint-Michel, die Sie mit Métro oder Bus leicht erreichen. Von dort gehen Sie die paar Schritte zur Seine und biegen vor der Brücke nach rechts in den Quai Saint-Michel ein. Folgen Sie dem Quai und behalten Sie dabei Notre-Dame auf der anderen Seite der Seine im Blick. Nach dem nächsten Häuserblock überqueren Sie die Rue Saint-Jacques und erreichen den kleinen Square Mariette, eine der beiden Grünanlagen, die es an den Seineufern heute noch gibt. Längs des Platzes verläuft die kurze und malerische Rue de la Bûcherie. Im Hintergrund sieht man bei schönem Wetter die Anwohner boules *spielen.*

❶ Die neue Shakespeare and Company 37, rue de la Bûcherie

Von George Whitmans Buchhandlung Shakespeare and Company (vgl. S. 73) *gehen Sie zur Seine zurück und rechts den Quai de Montebello entlang.* Sie sind jetzt auf einem Weg, der in den Zwanziger und Dreißiger Jahren oft von jenen Schriftstellern und Malern benutzt wurde, die das Glück hatten, in dieser einzigartigen Gegend von Paris leben und arbeiten zu können. Damals herrschte noch wenig motorisierter Verkehr auf den Straßen und wesentlich weniger Großstadtlärm, und es gab viel mehr Angler, die mit ihren Angelruten an der Seine saßen. Die alten Bäume sind inzwischen noch höher, das Kopfsteinpflaster noch abgetretener. Die majestätischen, gezackten Türme von Notre-Dame lenken den Blick immer wieder nach oben zum tiefblauen Himmel. Es ist nicht schwer, sich Szenen aus der Vergangenheit zu vergegenwärtigen, weil Paris eine Stadt ist, die sich nicht verändert.
Wenn Sie den Square Viviani erreicht haben, achten Sie auf der rechten Seite auf eine (falsche) Akazie, eigentlich eine Robinie, auch Silberregen genannt, die als der älteste Baum von Paris gilt. Sie steht neben der ältesten Kirche von Paris, Saint-Julien-le-Pauvre aus dem 12. Jahrhundert. Der Baum mußte durch Betonpfeiler abgestützt werden, er blüht aber jedes Frühjahr. *Lassen Sie die Kathedrale von Notre-Dame, links am gegenüberliegenden Ufer, hinter sich und gehen Sie weiter bis auf die Höhe des Pont de l'Archevêché, am Ende der Île-de-la-Cité. Von hier an heißt der Quai de Montebello Quai de la Tournelle. Nach wenigen Schritten stehen Sie vor dem alten Hôpital de l'Assistance Publique, dem heutigen Musée de l'Assistance Publique. Gehen Sie weiter den Quai de la Tournelle entlang in Richtung Pont de la Tournelle.*

❷ Wohnung von John Dos Passos und John Howard Lawson 45, quai de la Tournelle

Nach dem Ersten Weltkrieg durften amerikanische Soldaten, die ihre Rückkehr in die Vereinigten Staaten hinausschieben wollten, an europäischen Hochschulen studieren. Der amerikanische Schriftsteller John Dos Passos hörte kultur- und religionsgeschichtliche Vorlesungen an der Sor-

John Dos Passos als Harvard Student, 1916.

bonne, nachdem er im Frühjahr 1919 aus dem American Ambulance Corps entlassen worden war. Hier in dieser Wohnung schrieb er: »... Ich habe das Gefühl, ich könnte in die Seine springen... Jeden Augenblick rechne ich damit,... daß das Dach des Hauses sich wie eine Blütenknospe öffnet oder daß in den Rinnsteinen des Quai de la Tournelle Amethyste fließen..., und all das ist hervorgerufen durch sechs wunderbare Tage und die Aussicht auf Demobilisierung.«

Dos Passos begann zu dieser Zeit mit seinem Roman *Drei Soldaten* (*Three Soldiers*, 1921), der auf seinen jüngsten Kriegserfahrungen basierte, und verließ dann Paris, um als Auslandskorrespondent durch Spanien zu reisen. Nach einer Klettertour in den Pyrenäen mit seinem Freund und Kollegen e. e. cummings im Frühjahr 1921 kehrte er in die Pariser Wohnung zurück und beendete seinen Essayband über Spanien *Rosinante to the Road Again* (1922).

Die Wohnung, in der er Untermieter war, hatte sein Freund, der Bühnenautor John Howard Lawson, gemietet. Über ihr gemeinsames Leben schrieb Dos Passos: »Wir aßen gut und tranken gut und liehen einander Geld, wenn wir pleite waren... Wir führten ein schönes Leben.« (*Die schönen Zeiten*, S. 96) Lawson schrieb zu der Zeit an seinem Stück *Roger Bloomer* (1923).

Gehen Sie bis zur Pont de la Tournelle.

❸ La Tour d'Argent Pont de la Tournelle und Quai de la Tournelle

In den Zwanziger Jahren gehörte zu dem Restaurant eine kleine Pension, und die Zimmergäste bekamen auf ihr Essen einen Preisnachlaß. Wenn die Mieter Bücher zurückließen, verkaufte das Zimmermädchen sie für ein paar Francs an einen Bücherstand am Quai. Englischsprachige Bücher verkaufte sie billig an Ernest Hemingway.

Überqueren Sie den Pont de la Tournelle und genießen Sie dabei den berühmten Blick auf die Strebepfeiler von Notre-Dame zu Ihrer Linken. Sie erreichen nun den teuersten Grund und Boden der Stadt. Heute wohnen hier die Reichen, doch im ersten Drittel dieses Jahrhunderts lebten in den engen, ruhigen Straßen noch Schriftsteller und Verleger. Da man in den winzigen Läden und Restaurants alles Lebensnotwendige finden konnte, brauchte man die Insel nicht zu verlas-

sen und auf die lärmenden Boulevards zu gehen. Hinter abschreckend hohen Mauern, unterbrochen von massiven Türen, befinden sich 300 bis 400 Jahre alte Stadthäuser, *hôtels particuliers.* Jedes Stockwerk ist in ein bis zwei prächtige Wohnungen aufgeteilt, die um einen Innenhof liegen.
Nach der Brücke wenden Sie sich nach rechts und gehen an der Seine entlang bis zum Ende des nächsten Häuserblocks.

❹ Wohnsitz von Helena Rubinstein 24, quai de Béthune

Als Helena Rubinstein, die Gründerin des Kosmetikimperiums, 1930 das schöne Wohnhaus mit Blick auf die

Helena Rubinstein, die 1908 ihre erste Maison de Beauté in Paris eröffnete.

Seine erwarb, mußte sie noch fünf Jahre warten, bis sie die französischen Mieter zur Räumung gezwungen hatte. Das frühere Gebäude, im gleichen Stil wie die angrenzenden erbaut, wurde abgerissen und durch einen Art deco-Bau ersetzt, den Louis Sue entwarf. Beachten Sie die kunstvoll geschnitzten Holztüren, die noch vom früheren Haus stammen. Die Schlichtheit des neuen Gebäudes mit seiner massiven Steinfront unterscheidet sich auffallend von den vornehmen Nachbarhäusern im traditionellen Stil. Falls ein Bewohner die Eingangstür öffnen sollte, können Sie vom Quai aus einen Blick in den großen Innenhof werfen, in dessen Mitte sich ein von Grünpflanzen umgebener Springbrunnen mit einer griechischen Statue befindet.
Während Helena Rubinstein abwechselnd hier und in New York lebte, ging ihre Ehe mit dem Buchhändler und Verleger Edward Titus in die Brüche. Für ihr Pariser Haus kaufte sie zahlreiche Werke moderner Künstler, weil sie Kunst für eine gute Vermögensanlage hielt. Die Sammlung Rubinstein umfaßt Werke von Marc Chagall, Georges Braque, Pablo Picasso, Amedeo Modigliani und Georges Rouault.
Als die deutsche Armee Mitte Mai 1940 durch das Marnetal Richtung Paris marschierte, war das Donnern der gewaltigen Kanonen bis in die Stadt zu hören, so daß viele Einwohner nach Süden und Westen flohen. Mit ihrem neuen Ehemann, Prinz Artchil Gourielli-Tchkonia von Georgien, verließ auch Helena Rubinstein überstürzt Paris und fuhr mit dem Schiff nach New York. Sie mußte Kunst und Antiquitä-

ten von unschätzbarem Wert zurücklassen. Während der folgenden vier Jahre wurde ihr Haus von deutschem Militär besetzt. Nach dem Waffenstillstand fand man es geplündert und schwer beschädigt.
Schauen Sie von der gegenüberliegenden Straßenseite des Quai zum Dachgarten hinauf. Dort gab es Springbrunnen, Blumenbeete, immergrüne Pflanzen und eine griechische Statue.
Folgen Sie dem Quai bis zur nächsten Straßenecke, der Rue de Bretonvilliers, und biegen Sie links ein. Nachdem Sie am Ende des Häuserblocks unter einem Gebäude hindurchgegangen sind, das die Straße überspannt, biegen Sie nach rechts in die Rue Saint-Louis-en-l'Ile ein. Gegenüber der Villa von Baron Guy de Rothschild und seiner Frau Marie-Hélène an der »Hauptstraße« dieser exklusiven Insel steht ein altes Gebäude mit weißen Fensterläden.

5 Wohnsitz von William Aspenwall Bradley 5, rue Saint-Louis-en-l'Ile

Der amerikanische Schriftsteller und Redakteur William Aspenwall Bradley, der in Paris als Literaturagent für den New Yorker Verlag Harcourt, Brace arbeitete, wohnte hier mit seiner französischen Frau. In ihrer Kolumne *Brief aus Paris* im *New Yorker* nennt Genêt, das ist Janet Flanner, ihn »den führenden Agenten und Propheten für transatlantische Angelegenheiten«.
Als anerkannte Nachrichtenquelle in Sachen Literatur für jene Amerikaner, die auf dieser Seite des Atlantik leb-

William Aspenwall Bradley, Paris 1935.

ten, hatte Bradley eine Reihe von namhaften »Kunden«, zu denen Katherine Anne Porter, Natalie Clifford Barney, Ezra Pound, Edith Wharton, John Dos Passos, Stephen Vincent Benét und Thornton Wilder gehörten. Nachdem Gertrude Stein die *Autobiographie von Alice B. Toklas* in sechs Wochen geschrieben hatte, legte sie Bradley das Manuskript vor. Er antwortete postwendend: »Ich habe Ihr Manuskript Harcourt, Brace übergeben. Ich gratuliere! Es wird sicher ein großer Erfolg!«
Wenden Sie sich an der Seine nach links, folgen Sie der hohen Mauer, die den Garten der Rothschilds begrenzt, und gehen Sie am Quai entlang bis zu einer rostfarbenen Tür.

❻ Die ehemaligen Büroräume von »Transatlantic Review« und »Three Mountains Press« 29, quai d'Anjou

In einem alten Weinkeller hatte Ford Madox Ford, Schriftsteller und Herausgeber der *Transatlantic Review,* sein Büro. Zusammen mit Gertrude Steins Atelier oder der Buchhandlung Shakespeare and Company von Sylvia Beach gehörte es zu den Orten in Paris, wo die Renaissance der englischsprachigen Literatur begann. Ford, der Autor der Romane *It Was the Nightingale* (1931) und *Die allertraurigste Geschichte* (*The Good Soldier,* 1915), arbeitete in einem käfigartigen Raum unter einer gewölbten Decke.

Zum Glück bot das Büro nur für eine Person Platz, denn Ford hatte zu Ernest Hemingway, dem unbezahlten Mitherausgeber, ein sehr gespanntes Verhältnis. Der exzentrische Ford verhielt sich herablassend, und Hemingway fand ihn physisch abstoßend. Er schätzte zwar die Art, wie Ford die Zeitschrift herausgab, doch war er nicht mit dessen Geschmack und Grundsätzen einverstanden. In der Zeitschrift wurden zu viele konventionelle und surrealistische Texte abgedruckt, Hemingway hätte lieber Beiträge von amerikanischen Autoren gesehen, die er bewunderte. Bei schönem Wetter floh Hemingway aus dem Büro und setzte sich ans Ufer der Seine, um Manuskripte zu lesen. Bei Regenwetter arbeitete er in dem nahe gelegenen Bistro Rendezvous des Mariniers.

Während Ford in Amerika war, um Geld für *Transatlantic Review* aufzutreiben, begann Hemingway 1924, Gertrude Steins umfangreichen Roman *The Making of Americans* in Fortsetzungen darin abzudrucken. Die beiden waren zu der Zeit eng befreundet, und Gertrude Stein wurde Hemingways Mentorin. Sie hatte große Schwierigkeiten, einen Verleger für ihre Bücher zu finden. Ford hatte zunächst zugestimmt, sie nach Seiten zu bezahlen. Nach vier Fortsetzungen behauptete er jedoch, Hemingway hätte ihm den großen Umfang des Werkes verschwiegen, und Gertrude Stein hätte ein Pauschalhonorar erhalten müssen.

**Ford Madox Ford, 1927.
Gemälde von Georg T. Hartmann.**

Donnerstag nachmittags lud Ford zum Tee ein und bot dazu Leckerbissen an, die seine Gefährtin Stella Bowen, die Mutter der gemeinsamen Tochter Julie, zubereitet hatte. Gertrude Stein

Ernest Hemingway in Paris,
Anfang der Zwanziger Jahre.

und Alice B. Toklas kamen häufig zum Tee und wurden von dem beleibten Ford empfangen, dessen Gesicht mit dem lang herabhängenden Schnauzbart Hemingway an ein goldenes Walroß erinnerte.
Der Weinkeller beherbergte außerdem William Birds *Three Mountains Press*. Der kleine Verlag, der nach den drei Bergen Montagne Sainte-Geneviève, Montparnasse und Montmartre benannt war, brachte bibliophile Bücher auf erlesenem Papier heraus. Ezra Pound gab hier 1923 Fords Erinnerungen *Männer und Frauen (Women and Men)* heraus, William Carlos Williams *Der große amerikanische Roman (The Great American Novel)* und 1924 Hemingways *In unserer Zeit (In Our Time)*.
Als Robert McAlmon 1924 mit seiner *Contact Publishing Company* aus seinem Büro in der Rue de l'Odéon auszog, tat er sich mit Bird zusammen, und zwei Jahre lang vertrieben sie die Werke ihrer beiden Verlage gemeinsam.
Zwischen 1922 und 1925 ging Hemingway manchmal nachts in Birds Verlag. Auf einer Handpresse aus dem 17. Jahrhundert machte er Probeabzüge, um zu sehen, wie die Erzählung im Druck wirkte.

❼ Wohnung von John Dos Passos 37, quai d'Anjou

Nach der Rückkehr von seinen Reisen durch Spanien und den Nahen Osten lebte John Dos Passos kurze Zeit im obersten Stock dieses Hauses. Während er 1922 an *Manhattan Transfer* schrieb, lernte er James Joyce bei Shakespeare and Company kennen. Er »...drückte sogar die schlaffe Hand eines blassen, gleichgültigen Mannes mit dunkler Brille, der im Hinterzimmer der Buchhandlung Shakespeare and Company am Ofen saß«. Nachdem Dos Passos *Ulysses* gelesen hatte, notierte er, daß diese Veröffentlichung »der damals geläufigen Theorie, der englische Roman sei tot, ein Ende gemacht« habe. (*Die schönen Zeiten,* S. 161)
Gehen Sie am Pont Marie vorbei. Die Fortsetzung der Straße heißt nun Quai de Bourbon. Machen Sie am dritten Gebäude nach der Straßenecke vor dem Restaurant halt.

❽ Das frühere Rendezvous des Mariniers 7, quai de Bourbon

Das Bistro Rendezvous des Mariniers, das von Madame Le Conte geführt wurde, hatte eine gute, einfache Küche. Während Dos Passos 1917 in Paris darauf wartete, als Ambulanzfahrer des Roten Kreuzes nach Italien einberufen zu werden, bewohnte er ein Zimmer über dem Restaurant. Durch seine Liebenswürdigkeit und sein lebhaftes Interesse an der französischen Literatur gewann er die Zuneigung der Familie Le Conte und wurde eine Art Familienmitglied. Im Gegensatz zu den meisten in Paris lebenden Amerikanern hatte Dos Passos keine Scheu, Französisch zu sprechen und sich mit Franzosen anzufreunden.
In Hemingways Roman *Fiesta* gehen Jake Barnes und Bill Gorton in dieses Bistro und essen Brathähnchen, grüne Bohnen, Kartoffelpüree, Salat, Käse und Apfelkuchen.

Anschließend gehen Sie um die Insel herum, den Quai d'Orléans entlang bis zum Pont de la Tournelle, überqueren die damals noch hölzerne Fußgängerbrücke und gehen die Rue du Cardinal-Lemoine hinauf bis zur Place de la Contrescarpe. Gehen Sie weiter den Quai de Bourbon entlang und biegen Sie nach links in die Rue Le Regrattier ein. Das nächste Ziel liegt links am Ende der Straße.

Nancy Cunard, Paris, um 1926.

⑨ Wohnung von Nancy Cunard 2, rue Le Regrattier

An der Mündung dieser schmalen Straße in den Quai d'Orléans befindet sich die nach Süden liegende Wohnung, in der einst die englische Reederei-Erbin Nancy Cunard wohnte. William Carlos Williams beschrieb sie als »flapper«, einen typischen Bubikopf der Zwanziger Jahre, »kerzengerade, abgemagert, mit hoch erhobenem Kopf, nicht besonders lebhaft, die blauen Augen ungetrübt, unangreifbar in ihrer Jungfräulichkeit des reinen Handelns«. (*The Autobiography of William Carlos Williams,* S. 220)

1921 veröffentlichte Nancy Cunard ihren ersten Gedichtband, *Outlaws,* aber es war weniger ihr Schreiben, durch das sie berühmt wurde, als vielmehr ihr Lebensstil. Michael Arlen hat sie in seinem Bestsellerroman *The Green Hat* (1924) als Iris March porträtiert. Mit ihrem ererbten Vermögen unterstützte Nancy Cunard talentierte Künstler äußerst großzügig, vor allem die Surrealisten, denen man bei ihren täglichen Fünfuhrtreffs begegnen konnte. Louis Aragon, Autor und Gründer der surrealistischen Bewegung, war ihr enger Freund und häufiger Begleiter.

Die großen Räume ihrer Wohnung waren afro-surrealistisch ausgestattet. Bilder von Giorgio de Chirico, Francis Picabia und Yves Tanguy hingen neben afrikanischen Stammesmasken. Die Fußböden waren schwarzweiß gefliest, und im Wohnraum standen eine Leopardenfellcouch und ein prachtvoller Schreibtisch, der ihrem Vater gehört hatte, dem englischen Großreeder Sir Bache Cunard.

Biegen Sie nach links in den Quai d'Orléans ein und gehen Sie einen Häuserblock weiter.

⑩ Wohnung von Harry und Caresse Crosby 12, quai d'Orléans

Im Sommer 1923 lebte hier der Bankier und Playboy Harry Crosby mit seiner Frau Caresse, geborene Mary (Polly) Phelps Jacob Peabody. Sie hatten ihr rotes Ruderboot an einem Weidenbaum am Quai festgemacht, so daß sie es von ihren Fenstern mit den kleinen Balkonen aus sehen konnten. Crosby benutzte es, um zur Arbeit bei der französischen Niederlassung der Morgan Guaranty Trust Company zu gelangen. Caresse trug einen Badeanzug und Harry einen seriösen Anzug, und so ruderten sie flußabwärts zum Quai des Tuileries. Während Caresse flußaufwärts zurückruderte, ging Harry durch den Jardin des Tuileries zur Place Vendôme Nr. 14, in das Gebäude gegenüber dem Ritz. Mittags lunchte er, der Neffe des Bankiers J. P. Morgan, an der Bar des Ritz.

Als Debütantin in New York hatte Polly

Caresse und Harry Crosby auf Reisen, 1927.

Jacob den drahtlosen Büstenhalter erfunden. Später verkaufte sie das Patent an die Warner Brothers Corset Company.
Caresse schrieb, daß sie »es genoß, in den gewundenen Gassen auf der winzigen Insel ihre Einkäufe zu machen«. Doch bald war die Wohnung zu klein für eine Familie mit zwei Kindern und Dienstboten. Harry konnte den Lärm der beiden Kinder nicht ertragen, die aus Caresses erster Ehe mit Richard Peabody stammten, und so zogen sie im Herbst um.
Im Dezember gab Crosby seine Stellung bei Morgan-Harjes auf. Das Bankgeschäft lag ihm nicht so im Blut wie das verschwenderische Leben. Er zog die Gesellschaft von Lebenskünstlern vor. Die Eheleute schrieben Liebesgedichte füreinander und gründeten 1924 die *Black Sun Press*, in der sie ursprünglich ihre eigenen Werke veröffentlichen wollten.
Gehen Sie nun den Quai d'Orléans zurück bis zum Pont Saint-Louis, überqueren Sie die kleine Brücke zur Île de la Cité, schlendern Sie über den Square Jean XXIII links an der Kathedrale vorbei bis zum Pont au Double und gehen Sie auf das linke Seineufer hinüber. Wenden Sie sich nach rechts und folgen dem Quai Montebello, bis er Quai Saint-Michel heißt.
Ernest Hemingway hat beschrieben, was es für ihn bedeutete, an diesen Quais entlangzuwandern, wenn er seine Arbeit beendet hatte oder sich über etwas klarwerden wollte:
»Es ließ sich leichter überlegen, wenn man ging oder etwas tat oder wenn man Leute sah, die etwas taten, worauf sie sich verstanden. An der Spitze der Île de la Cité unterhalb des Pont Neuf, auf dem das Denkmal von Henri Quatre steht, endet die Insel wie der scharfe Bug eines Schiffes, und dort ist ein kleiner Park am Rande des Wassers mit schönen Kastanienbäumen, riesengroß und ausladend, und in den Wirbeln und Stauwassern, die die Seine im Vorbeifließen macht, gibt es ausgezeichnete Stellen zum Angeln.« (*Paris – ein Fest fürs Leben*, S. 215f.)

⓫ Wohnung von Henri Matisse 27, quai Saint-Michel

Als Henri und Adélie Matisse 1905 Gertrude Stein kennenlernten, waren sie sehr arm und bewohnten nur eine

Henri Matisse um die Jahrhundertwende.

kleine Dreizimmerwohnung im obersten Stock, von der sie immerhin einen aufregenden Blick auf die Seine und Notre-Dame hatten. Mme. Matisse betrieb einen Putzmacherladen in der Rue de Châteaudun, und ihre beiden Söhne, Jean und Pierre, lebten bei den Großeltern. Die Matisses lebten wie eine typische französische Familie der Mittelschicht, ganz anders als andere Künstler im Quartier Latin. Adélie war eine gute Köchin und perfekte Hausfrau. Der immer konventionell gekleidete Henri war ein sehr ernsthafter Mensch. Wenn er große Bilder malte, etwa *Bonheur de vivre*, arbeitete er in einem separaten Atelier.

Gertrude Stein und ihr Bruder Leo bewunderten sein Bild *Femme au chapeau*, das 1905 im Salon d'Automne ausgestellt wurde. Sie erwarben das Bild für 500 Francs. Die Frau des Künstlers trägt einen großen Hut; die Düsterkeit des Blau wird durch orangefarbene und grüne Pinselstriche belebt. Das Bild löste eine Kontroverse über grundsätzliche Fragen der modernen Kunst aus. 1915 verkauften es die Steins an ihren Bruder Michael, der es 1950 für 20 000 Dollar weiterverkaufte. Viele Bilder, die ursprünglich zur Sammlung Stein gehörten, hängen heute im Museum of Modern Art in San Francisco.

Die Steins trugen durch ihre Förderung und den kontinuierlichen Ankauf seiner Bilder wesentlich dazu bei, die wirtschaftliche Lage von Matisse zu verbessern. Um 1909 begannen auch die Galerien sich für seine Werke zu interessieren und kauften seine Bilder. Gertrude Stein wandte sich zu der Zeit mehr Pablo Picasso zu, doch Michael und Sarah Stein blieben der Familie Matisse weiterhin eng verbunden (vgl. S. 99).

Wenden Sie sich an der Métro-Station Saint-Michel nach links, gehen Sie zwischen den Bücherständen durch, um nach links in die Rue de la Huchette einzubiegen. Gehen Sie die breite Straße hinab, bis sie sich vor dem Hotel verengt.

Baron Georges-Eugène Haussmann, der Stadtplaner von Napoleon III., verbreiterte den Teil der Straße, der in den Boulevard Saint-Michel mündet. Aus diesem Grund stammen die Gebäude an dem verbreiterten Teil der Straße aus dem 19. Jahrhundert, während die Bauwerke im ursprünglichen Teil aus dem 12. Jahrhundert sind und noch ein typisches Bild von der alten Rue de la Huchette geben.

⓬ Das frühere Hôtel du Caveau 28, rue de la Huchette

Der Journalist Elliot Paul wohnte nach dem Ersten Weltkrieg im Hôtel du Caveau. Hier schrieb er seine Kolumne *From a Littérateur's Notebook* für die europäische Ausgabe der *Herald Tribune*, später gab er die europäische Ausgabe der *Chicago Tribune* heraus und war für die Literatur zuständig. Während er hier ein Hinterzimmer bewohnte, freundete er sich mit Bewohnern des Quartier Latin an und hielt seine Lebenserfahrungen aus der Zeit um 1925 in dem Buch *Die kleine Gasse* (*The Last Time I Saw Paris,* 1942) fest.

Elliot Paul war einer der wenigen Amerikaner, der fließend Französisch sprach. Er hatte den leidenschaftlichen Wunsch, die Franzosen kennenzulernen und zu verstehen, und ging

Gertrude Stein (rechts), Alice B. Toklas und Bravig Imbs, 1928.

daher gern unter Leute. Auf seinem Akkordeon spielte er Gertrude Steins Lieblingslied »The Trail of the Lonesome Pine«, begleitet von Bravig Imbs auf der Violine.

Gehen Sie zurück zur Place Saint-Michel, wenden Sie sich nach links und überqueren Sie die belebte Kreuzung.

⓭ Das frühere Café Saint-Michel und das frühere Café de la Gare Place Saint-Michel und Quai des Grands-Augustins

An der Place Saint-Michel, im Herzen des Studentenviertels nahe der Sorbonne, gibt es eine Reihe von Cafés. Ernest Hemingway beschrieb sein Lieblingscafé gleich an der Ecke, das Café Saint-Michel, als »angenehm, warm, sauber und freundlich«. Ernest und Hadley Hemingway aßen dort häufig im zweiten Stock mit Morley Callaghan und genossen den Ausblick auf die Île de la Cité und Notre-Dame.

Nebenan war das Café de la Gare. Samuel Putnam fand dort »...einen guten Platz, um von dort das morgendliche Leben im Studentenviertel zu beobachten... wenn die vielsprachige Menschenmenge haufenweise zu Kaffee und Croissant hereinkam, bevor sie in die Vorlesungen ging. Wenn der Platz draußen sich dann in Windeseile mit Bussen und Trambahnen und Menschen füllte, und der Kastanienverkäufer und die Zeitungsverkäuferin ihre Waren anpriesen, konnte man glauben, einem erregten Streit an einem der Nebentische zuzuhören.«

In *Paris Was Our Mistress* (1947) beschreibt Putnam einen malerischen Spaziergang von der Rue de l'Odéon bis hierher zur Place Saint-Michel, wo er im Café de la Gare jeden Morgen frühstückte.

Auf Ihrem Spaziergang wenden Sie nun der Seine den Rücken zu, überqueren die Place Saint-André-des-Arts und biegen in die Rue Danton ein.

⓮ Wohnung von Isadora Duncan 5, rue Danton

Ein Pariser Modeschöpfer schrieb die Befreiung der Frauen von Korsetts und Schnürmiedern Isadora Duncan zu. Sie war die erste Tänzerin, die locker gegürtet, barfuß und freizügig öffentlich auftrat. Edith Wharton, die ebenfalls in Paris lebte, schrieb: »Plötzlich hatte ich den Tanz vor Augen, von dem ich immer geträumt hatte, ein Fließen von einer Bewegung in die nächste, ein endloses Ineinanderweben von Bewegung und Musik... Und sogar durch die riesige Menge des hingerissenen Publikums war die Wucht ihrer Inspiration spürbar.« (*A Backward Glance*, S. 322) In hauchdünne togaartige Gewänder gehüllt, tanzte die Duncan nicht nach den klassischen Regeln, sondern in freien, fließenden Bewegungen nach dem Vorbild alter griechischer Tänze. Sie trat in vielen Theatern in Europa und Amerika auf.

1909 mietete Isadora Duncan in diesem Haus zwei große Wohnungen: Die Erdgeschoßwohnung im hinteren Teil des Hauses bewohnte sie selbst, in der Wohnung im ersten Stock war ihre Tanzschule.

Auguste Rodin reiste ihr quer durch

Isadora Duncan mit ihren Schülerinnen, Paris 1914.

Europa nach und zeichnete Tausende von Skizzen ihrer anmutigen Erscheinung. Viele dieser Zeichnungen hängen heute im Musée Rodin. Dem Bildhauer Antoine Bourdelle diente die Figur der Isadora Duncan als Modell für seine Basreliefs am Théâtre des Champs-Elysées.
Paris Eugène Singer, der Erbe einer Nähmaschinenfabrik, wollte für Isadora Duncan ein Theater an den Champs-Elysées bauen lassen und sprach über die Pläne mit dem Architekten Louis Sue, der auch das Haus für Helena Rubinstein entworfen hatte. Singer war der Vater eines der beiden Kinder von Isadora, die später bei einem tragischen Unfall ums Leben kamen. Isadora trauerte um sie bis zu ihrem eigenen Unfalltod 1927.

Gehen Sie die Rue Danton zurück bis zur Place Saint-André-des-Arts, biegen Sie nach links in die Rue Saint-André-des-Arts ein und gehen Sie bis zur Rue Gît-le-Cœur, in die Sie nach rechts einbiegen und weitergehen bis zur Seine. Auf der linken Seite kommen Sie an der Ecole César Franck vorbei und auf der rechten sehen Sie das ehemalige Hôtel Gît-le-Cœur, in dem in den fünfziger Jahren amerikanische Dichter der Beat generation gewohnt haben. Ihr nächstes Ziel befindet sich an der Ecke zum Quai des Grands-Augustins.

Blick aus Gerald und Sara Murphys Wohnung:
Quai des Grands-Augustins in den Zwanziger Jahren.

⑮ Wohnung von Gerald und Sara Murphy 23, quai des Grands-Augustins

In diesem alten Gebäude mit dem Eingang an der Rue Gît-le-Cœur lag die Pariser Wohnung des wohlhabenden und sympathischen Ehepaars Gerald und Sara Murphy, die mit ihrer Tochter und ihren beiden Söhnen aus kulturellem Interesse nach Frankreich gekommen waren, und auch, um ihren prominenten Familien zu entfliehen. Gerald Murphy erzählte den Leuten, daß sie Amerika verlassen hätten, »weil es für Jungverheiratete ziemlich deprimierend gewesen sei, in einem Land zu leben, in dem gesetzliches Alkoholverbot herrschte«. Für Sara Murphy glich Paris »einem großen Jahrmarkt, und alle waren so jung«.
Nachdem die Murphys 1921 nach Europa übergesiedelt waren, bewohnten sie das elegante oberste Stockwerk allerdings nur jeweils für ein paar Monate, weil sie die meiste Zeit in der Villa America am Cap d'Antibes an der französischen Riviera verbrachten.
Zu ihrem Freundeskreis gehörten Ernest Hemingway, Archibald MacLeish, John Dos Passos, Robert Benchley, Dorothy Parker, Donald Ogden Stewart, Jean Cocteau, Pablo Picasso und F. Scott Fitzgerald, der für seine Figuren Dick und Nicole Diver in *Zärtlich ist die Nacht* (*Tender is the Night*, 1934) die Murphys zum Vorbild nahm. Das Buch ist ihnen gewidmet. Es war von Fitzgerald als ein Roman gedacht, »in dem die Begüterten sich von ihrer wahrhaft glanzvollsten und berükkendsten Seite zeigen, genau wie die Murphys«. Die Murphys waren verständlicherweise nicht besonders be-

Sara und Gerald Murphy, Cap d'Antibes, 1923.

glückt darüber, daß ihr häufiger Gast Fitzgerald gewisse Tatsachen aus ihrem Privatleben enthüllt hatte.
Im Sommer 1921 malten Gerald Murphy und Dos Passos gemeinsam Bühnenbilder für Diaghilews Ballets Russes. Die Murphys, sagte Dos Passos, »gaben ihr Geld großzügig und sinnvoll aus«. (*Die schönen Zeiten*, S. 180)
Murphy, ein Schüler der Malerin Natalia Gontscharova, war von Fernand Léger beeinflußt, der sich dem Kubismus zugewandt hatte und großflächig in leuchtenden Plakatfarben malte.

Seine Bilder stellen oft technische Apparaturen des 20. Jahrhunderts dar. Léger machte Murphy klar, daß nur ein leidvolles Leben einen Maler befähige, bedeutungsvolle Bilder zu schaffen, daß ein Maler aber durchaus damit leben könne, wenn man seinem Werk wenig Bedeutung beimesse.

In den Zwanziger Jahren gingen Murphy, Dos Passos und Léger einmal an diesem Quai entlang, und Léger wies auf die aufregenden Formen und Farben hin. Dos Passos schrieb über dieses Erlebnis: »Statt der ewigen pastellfarbenen Tuilerien, Brücken, Lastkähne und *bateaux-mouches* auf der Seine umgab uns eine frischerfundene Welt. Die beiden suchten sich die kleinen Details aus: Winden, die Schaufeln eines Ankers, Taurollen, den roten Schornstein eines Schleppers, ein halbes Frauengesicht hinter Geranien im Kajütenfenster einer Schute. ›*Regardez-moi ça.*‹ Nach diesem Spaziergang kamen mir die Ufer der Seine nie wieder banal vor.« (*Die schönen Zeiten,* S. 179)

Gehen Sie den Quai zwei Häuserblocks weiter und biegen Sie nach links in die Rue des Grands-Augustins ein.

⓰ Wohnung von Pablo Picasso 7, rue des Grands-Augustins

1937 bezog Pablo Picasso, inzwischen ein erfolgreicher Künstler, dieses Stadtpalais aus dem 17. Jahrhundert, früher Wohnsitz der Herzöge von Savoyen. Für die nächsten zwanzig Jahre bewohnte er eine Wohnung im zweiten Stock, im Stockwerk darüber hatte er ein riesiges Atelier. Die

Pablo Picasso in den dreißiger Jahren.

Führung des Haushalts übernahm das Faktotum Sabartès, während Marcel, ein anderer Dienstbote, die Limousine chauffierte.

Picasso besuchte häufig das nahe gelegene, meist überfüllte Café de Flore. Seine typisch südländische Erscheinung vermittelte ein Gefühl von Kraft. Für Alice B. Toklas war seine Art der Unterhaltung »verblüffend«. Zu Geldangelegenheiten bemerkte Picasso: »Ich bin gegen kommerzielles Denken, aber ich bin an Geld interessiert, weil ich weiß, was ich damit machen will.«

Während des Spanischen Bürgerkriegs führte er mit seinen Bildern einen persönlichen Krieg gegen den Faschismus. Als Loyalist lehnte er organisierte Brutalität ab. 1937 schuf er eine Serie von Radierungen, *Traum und Lüge Francos*, der er ein leidenschaftliches surrealistisches Gedicht hinzufügte.

In demselben Jahr malte Picasso sein Kolossalgemälde *Guernica* (351 × 782 cm, Öl auf Leinwand), das nach seinem Willen zu dem Zeitpunkt im Prado in Madrid aufgehängt werden sollte, wenn alle spanischen Bürger Freiheit und Demokratie wiedergewonnen hätten. Nach Diktator Francos Tod im Jahr 1975 wurde Spanien Republik und König Juan Carlos ihr konstitutioneller Monarch. Heute hängt *Guernica* in einem besonderen Flügel des Prado.

Gertrude Stein, die einmal gesagt hat, daß es nur drei Genies auf der Welt gäbe, sie selbst, Alfred North Whitehead und Picasso, unternahm den Versuch, das Genie Picassos zu definieren, und definierte damit zugleich den schöpferischen Menschen: »Pi-

Pablo Picasso in seinem Atelier 7, rue des Grands-Augustins, 1938.

casso sieht etwas anderes, sieht eine andere Wirklichkeit. Komplikationen sind immer leicht, aber eine andere Anschauung als diejenige aller Welt ist sehr selten. Darum sind auch Genies selten; die Dinge auf eine neue Weise komplizieren, das ist leicht, aber die Dinge auf eine neue Weise sehen, das ist wirklich schwer; alles stellt sich dem entgegen und verhindert es, Gewohnheiten, Schulen, Alltagsleben, Vernunft, Bedürfnisse und Notwendigkeiten des täglichen Lebens, Gleichgültigkeit, alles verhindert es, in der Tat gibt es nur sehr wenige Genies auf der Welt.« (*Picasso*, S. 47)

Folgen Sie weiter der Rue des Grands-Augustins und biegen Sie nach links in die Rue Saint-André-des-Arts ein.

Selbstporträt von e. e. cummings, 1938.

⑰ Wohnung von e. e. cummings 46, rue Saint-André-des-Arts

1923 war cummings noch ein armer und zielloser Künstler. Morgens kaufte er auf der malerischen Marktstraße Rue de Buci in seiner Nähe ein und feilschte um die Preise, nachmittags malte er in seinem kleinen Zimmer und abends schrieb er bis spät in die Nacht Gedichte. Mit seiner modernen Poesie erprobte er neue literarische Formen und eine andere Art der Zeichensetzung. Während er hier in diesem Haus wohnte, kaufte ihm ein Freund sein erstes Selbstporträt ab.

Gehen Sie zurück und biegen Sie nach rechts in die Rue des Grands-Augustins ein, dann nach links in die Rue Christine.

⑱ Wohnung von Gertrude Stein und Alice B. Toklas 5, rue Christine

Als Gertrude Stein und Alice B. Toklas 1938 mit ihrer berühmten Bildersammlung in dieses Gebäude aus dem 17. Jahrhundert umzogen, waren die Wände der Wohnung, in der früher einmal Königin Christina von Schweden gewohnt hatte, noch immer mit denselben geschnitzten Holztäfelungen verkleidet wie zur Zeit der Königin, und deren Lesezimmer war auch noch vorhanden. Zu den 131 Bildern der Sammlung gehörten fünf Picassos, die bisher nicht aufgehängt worden waren. 91 Gemälde, darunter ein Cézanne, Picassos Porträt von Gertrude Stein, sein stehender Akt *Mädchen mit Blumenkorb* und 19 kleinere Werke sowie zwei Gemälde von Braque wurden im Salon aufgehängt.

Alice B. Toklas, 5, rue Christine, 1951.

Alice B. Toklas hatte zunächst vor, den schönen Parkettfußboden mit Teppichen auszulegen, um die Geräusche zu dämpfen, doch zwei Freunde redeten ihr das aus; sie boten ihr statt dessen an, die Renovierung der Fußböden zu bezahlen. »Ein netter englischer Junge« sortierte Gertrude Steins Bücher in die Regale, und der französische Klempner arbeitete ungewöhnlich schnell und gut. Alice brauchte die Fähigkeiten amerikanischer Klempner nicht länger in den Himmel zu heben.

Nachdem Gertrude Stein am 27. Juli 1946 im American Hospital in Neuilly gestorben war, lebte Alice B. Toklas hier allein weiter, bis sie 1964 ausziehen mußte, drei Jahre vor ihrem Tod im Jahre 1967. Die Kunstsammlung war schon vorher von Allan Steins Witwe in die Kellergewölbe einer Pariser Bank verlagert worden, wo sie für ihre drei Kinder verwahrt wurde.

Folgen Sie weiter der Rue Christine und überqueren Sie die Rue Dauphine. Treten Sie durch die große Tür in die wunderschöne Passage Dauphine ein. Wenn Sie die Passage am anderen Ende wieder verlassen, wenden Sie sich in der Rue Mazarine nach rechts und am nächsten Häuserblock wieder nach rechts. Folgen Sie der Rue Guénégaud bis zum nächsten Ziel.

⑲ Die ehemaligen Büroräume der »Hours Press« 15, rue Guénégaud

Die *Hours Press* wurde 1928 von der englischen Großerbin und sozialkritischen Schriftstellerin Nancy Cunard gegründet. Für 300 Francs kaufte sie von William Bird eine Handpresse aus dem 17. Jahrhundert. *Hours Press* war eine der wenigen kleinen Pressen jener Zeit, die künstlerisch und finanziell erfolgreich arbeiteten. Zu den 16 Werken, die hier zwischen 1930 und 1931 veröffentlicht wurden, gehörten *Cantos I–XXX (A Draft of the XXX Cantos)* von Ezra Pound und *Whoroscope* von Samuel Beckett.

Gehen Sie die Rue Guénégaud zurück, überqueren Sie die Rue Mazarine und machen Sie an der Ecke Rue Jacques Callot halt.

Nancy Cunard und Henry Crowder in der »Hours Press«, 1930.

»Hours Press«, 15, rue Guénégaud, 1930.

⑳ Die frühere Galérie de la Jeune Peinture oder Galérie Surréaliste 3, rue Jacques Callot

Diese Straße besteht nur aus einem Häuserblock und war Schauplatz der New Review-Kunstausstellung Silvester 1932. Auf dieser Mitternachtsausstellung waren 32 Maler und fünf Bildhauer vertreten. Die ausgelassenen Zecher stolperten aus der kleinen Galerie, und in kurzer Zeit war die ganze Straße mit Menschen gefüllt. Mehrere Fässer Champagner wurden geleert, es sprudelte in der Gosse.

Auch extrem moderne Künstler wie Joseph Stella, die glaubten, daß die Galerien konservative Künstler bevorzugten, waren zu der Ausstellung erschienen. Die Emotionen zwischen rivalisierenden Gruppen von Künstlern waren so stark, daß es im Café du

Die Galérie Surréaliste wurde 1926 in der Rue Jacques Callot eröffnet.

Dôme zu einer Rauferei mit Spazierstöcken und Stühlen kam. Die Polizei machte schließlich der Schlägerei ein Ende.

Folgen Sie der Rue Jacques Callot bis zum Ende und biegen Sie nach links in die Rue de Seine ein.

㉑ Wohnung von Pablo Picasso 57, rue de Seine

Als der junge Picasso 1900 aus seiner Heimatstadt Barcelona nach Paris kam, war er krank vor Heimweh, deprimiert, arm und oft hungrig. Für zwei längere Aufenthalte kehrte er nach Hause zurück, und 1903 wohnte er zwischendurch in diesem Haus. Zu dieser Zeit begann seine Blaue Periode, über die Gertrude Stein schrieb: »Nach dem ersten endgültigen französischen Einfluß wurde er wieder ganz Spanier. Sehr bald wirkte sich das spanische Temperament wieder stark in ihm aus.« (*Picasso*, S. 11) In seiner düsteren Stimmung malte er Bettler und menschliche Wracks in Blautönen. *Der alte Gitarrist* ist ein typisches Beispiel für diese Periode.

1904 ließ er sich in einem sehr einfachen Gebäude auf dem Montmartre nieder, das er mit dem Dichter Max Jacob und dem Maler Georges Braque teilte. Sie waren freundschaftliche Nachbarn und schirmten sich gegenseitig ab. Picasso malte dort *Mädchen mit Blumenkorb*, das erste seiner Bilder, das die Steins kauften.

Überqueren Sie nun die Rue de Seine, gehen Sie an einem kleinen Platz zu Ihrer Rechten vorbei und überqueren Sie die Rue de l'Echaudé. Sie befinden sich am Anfang der Rue Jacob, der Sie folgen.

㉒ Wohnung von Natalie Clifford Barney 20, rue Jacob

60 Jahre lang wohnte die leidenschaftliche Feministin Natalie Clifford Barney im hinteren Teil dieses Stadthauses aus dem 17. Jahrhundert. Von 1909 bis zu ihrem Tod im Jahre 1972 lebte sie in dem *pavillon*, der einst der Mätresse von Ludwig XIV., Ninon de Lenclos, gehört haben soll. Rechts neben dem zweistöckigen Haus, hinter einem eisernen Gatter und den Blikken verborgen, liegt der Garten, in dem sich die kleine Nachbildung eines dorischen Tempels der Freundschaft, *A l'Amitié*, befindet. Er diente oft als Kulisse für Theateraufführungen im kleinen Kreis. Als einmal nur weibliche Gäste anwesend waren, soll die berühmte Spionin Mata Hari einen Bauchtanz *sans costume* aufgeführt haben.

Ein kurzer Blick durch das eiserne Gatter im Innenhof des Hauses an der Rue Jacob zeigt einen wohlgepflegten Garten. Er soll zu Natalie Barneys Zeiten herrlich und üppig wuchernd gewesen sein. Efeu rankte wie ein Vorhang über die Mauern, und im Innenhof stand ein riesiger Baum, der seine Äste über das Haus breitete. Die Ruinen des Freundschaftstempels und der Baum vor dem damaligen Eßzimmer stehen noch heute.

Im Erdgeschoß des Hauses befinden sich zwei Räume, ein Empfangszimmer und ein Eßzimmer mit zwei Fenstern, von denen aus man den Garten überblickt. Die Empfänge fanden im Eßzimmer statt, in dessen Mitte ein großer runder Tisch stand, der reichlich mit Gurkensandwiches und Kuchen, vor allem Schokoladenkuchen, beladen war. Natalie Barneys Schlafzimmer im Stockwerk darüber war mit einer Empirecouch, einem Eisbärenfell, einem Bett und einem Schreibtisch möbliert. An den Wänden ringsherum standen Bücherregale voller Gedichtbände. Der Wohnraum war mit Wandteppichen, Spiegeln, Schlafsofas mit braunen Samtdecken und einem Flügel ausgestattet.

Dolly Wilde, Oscar Wildes Nichte, erklärte, das Haus sei so muffig und feucht gewesen, daß man unter den

Der Freundschaftstempel im Garten von Natalie Clifford Barney.

Natalie Clifford Barney als junges Mädchen.

Sitzen der Stühle Austern hätte finden können. Natalie Barney hat in all den Jahren, die sie dort wohnte, niemals etwas verändern oder modernisieren lassen, außer daß sie sich an die Stromversorgung des Stadtviertels Saint-Germain anschließen ließ. Es war das erste Gebäude in der Umgebung mit elektrischem Strom.
Natalie Barneys legendäre Freitagnachmittagsempfänge wurden häufig von so prominenten französischen und amerikanischen Literaten wie Paul Valéry, André Gide, Ezra Pound, Sidonie Colette, William Carlos Williams, Sinclair Lewis und vielen anderen besucht. Am Neujahrstag 1925 fand die Uraufführung von George Antheils experimentellem *Ersten Streichquartett* in ihrem Salon statt. Im Juni desselben Jahres hatte das *Ballet Mécanique* des amerikanischen Komponisten im Théâtre des Champs-Elysées Premiere. Es war für acht Klaviere, Xylophone, einen Flugzeugpropeller und elektrische Klingeln geschrieben. Zum Publikum in der 2500 Zuhörer fassenden Halle gehörten Natalie Barney, James Joyce, T. S. Eliot, Sylvia Beach, Adrienne Monnier, Ezra Pound und Constantin Brancusi. Nach der ersten Hälfte des Stükkes brach ein großer Teil der Zuhörer in Buhrufe, Schreie und Zischen aus. Als es im Orchester zu Schlägereien kam, brüllte der heftig erregte Antheil von der Bühne herunter: »Verschwindet, wenn es euch nicht gefällt!« Als das Stück zu Ende war, hatten die meisten verärgerten Gönner die Flucht ergriffen. Der 25jährige Komponist betrachtete die Aufführung als Riesenerfolg.
Ende der dreißiger Jahre machte Natalie Barney mit Gertrude Stein und ihrem zweiten großen weißen Pudel Basket 2 Abendspaziergänge, sofern sich beide Freundinnen in Paris aufhielten.
Wenn Sie das Haus durch die Kutscheneinfahrt wieder verlassen, achten Sie auf die niedrigen Räume über der Einfahrt. Hier wohnte Natalie Barneys treues Dienstmädchen Berthe. Sie hatte einen guten Überblick über den Innenhof und die Besucher ihrer Herrin. Sie bestritt energisch, jemals eine Nacht in Barneys Haus verbracht zu haben. Sie teilte die Neigungen der spätnächtlichen Besucherinnen nicht.
Nach dem Zweiten Weltkrieg beschloß der Schriftsteller Richard Wright, sich in Paris niederzulassen. Als er 1960 starb, bezog seine Witwe eine Wohnung im Vorderhaus dieses Gebäudes in der Rue Jacob Nr. 20.

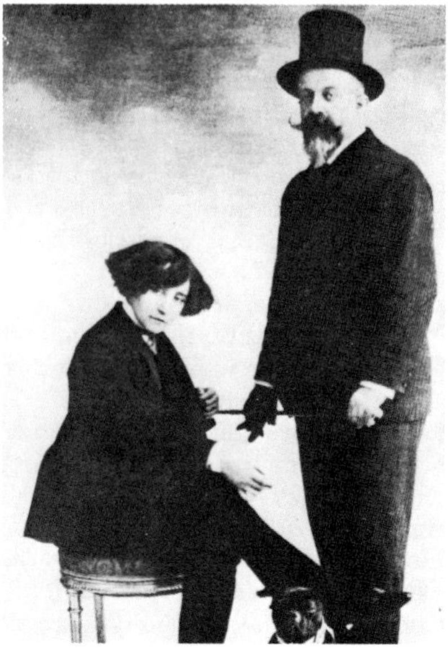

**Colette und ihr Mann
Henri Gauthier-Villars, genannt Willy.**

㉓ Wohnung von Colette 28, rue Jacob

In einer deprimierend dunklen Wohnung im dritten Stock schrieb Gabrielle-Sidonie Colette, eine jungverheiratete Frau aus einem Dorf in Burgund, auf Drängen ihres Ehemannes ihre Erinnerungen an die Schulzeit nieder. Im Jahre 1900 erschien *Claudine erwacht (Claudine à l'Ecole)* unter dem Namen ihres Mannes Henri Gauthier-Villars, besser bekannt als Willy. In zwei Monaten waren 40 000 Exemplare verkauft. Daraufhin schloß der skrupellose Willy seine Frau jeden Tag mehrere Stunden ein, so daß sie nichts anderes tun konnte als schreiben. Schließlich hatte ihnen das Buch so viel Geld eingebracht, daß sie im folgenden Jahr an das rechte Seineufer umziehen konnten. 1901 erschien *Claudine in Paris (Claudine à Paris)*. Nach vier Claudine-Geschichten veröffentlichte Colette 1905 die Tiergeschichten *Dialogues de Bêtes* unter ihrem eigenen Namen. 1906 setzte die Scheidung ihrer sklavischen Abhängigkeit von Willy ein Ende. Ihre zweite Karriere als Tänzerin und Theatermimin begann.

Colette war sehr zierlich und hatte ein dreieckiges Gesicht – außerdem soll sie panische Angst davor gehabt haben, erschreckt zu werden. Für Paul Claudel und andere war Colette die größte lebende Schriftstellerin im Frankreich der Zwanziger Jahre.

Überqueren Sie die Straße und gehen Sie auf die Seine zu.

㉔ Wohnung von Ezra Pound Rue de Seine

In dieser Straße der Kunstgalerien konnte man in den Zwanziger Jahren oft hören, wie der Dichter Ezra Pound lautstark Fagott übte. James Joyce wurde durch seine Freundschaft mit Ezra Pound zu Natalie Barneys Empfängen eingeladen. Nicht alle neuen Bekannten, die Joyce in Paris kennenlernte, waren so überzeugt von ihm wie er selbst von sich. In einem Brief vom 31. Juli 1920 schrieb Joyce an Pound: »Von den vielen glücklichen Sterblichen, die hier meine Bekanntschaft gemacht haben, habe ich weder etwas gehört noch gesehen. Ich vermute, das Vergnügen, das ihnen meine erheiternde Gegenwart bereitete, reicht ihnen für den Rest ihres Erdendaseins.« (*Briefe und Dokumente,* S. 303)

㉕ Die ehemalige Akademia Raymond Duncan 31, rue de Seine

Raymond Duncan bot einen seltsamen Anblick, wenn er in einer Toga, mit Sandalen an den Füßen und einem Lorbeerkranz auf dem Kopf seinen Schülern in der Akademia Raymond Duncan Vorlesungen über griechische Philosophie und das alte Griechenland hielt. In einer Villa im Vorort Neuilly lebten etwa 15 Erwachsene und Kinder in einer Kommune. Die Schüler Duncans webten Teppiche, malten Plakate und ernährten sich vegetarisch. Die Ledersandalen, die sie zusammennähten, um sie als handgemacht in Duncans beiden Läden zu verkaufen, waren in Wirklichkeit von Fachleuten zugeschnitten. Im Garten der Villa standen zwei Badewannen, die für die Herstellung von Batiken und für das Färben von Schals benutzt wurden. Die Badewannen waren aus der nahe gelegenen Villa, die Duncans Schwester Isadora gehörte (vgl. S. 29), gestohlen, und zwar als Bezahlung von Schulden, die seine Schwester seiner Meinung nach bei ihm hatte.

Gehen Sie weiter die Rue de Seine entlang und biegen Sie nach links in die Rue des Beaux-Arts ein.

㉖ Das frühere Hôtel d'Alsace 13, rue des Beaux-Arts

Drei Jahre vor seinem Tod am 30. November 1900 fand Oscar Wilde endlich einen Ausweg aus seinen finanziellen Schwierigkeiten, indem er in dieses Hotel zog. Der Hotelbesitzer war großzügig, wenn die Rechnungen nicht pünktlich bezahlt wurden, es gab Freunde, die er anpumpen konnte, und die Restaurantbesitzer schrieben wochen- und monatelang an. Oscar Wilde starb nur wenige Wochen vor seinem 46. Geburtstag in diesem Hotel in Zimmer Nr. 16, das heute noch mit einigen der Möbelstücke ausgestattet ist, in denen er damals gewohnt hat. Obwohl die Miete äußerst gering war, starb er, wie er immer gelebt hatte – über seine Verhältnisse.

Die Erfahrungen, die Thomas Wolfe machte, als er in den Jahren 1925 und 1926 hier wohnte, lieferten ihm Material für sein Buch *Von Zeit und Strom* (*Of Time and the River,* 1935). Seine Figur Eugene Gant machte an dem Gebäude halt, das damals Hôtel d'Alsace hieß.

Gehen Sie weiter die Rue des Beaux-Arts hinunter bis zur Ecke, an der Sie direkt vor sich einen großen Hof sehen werden.

Thomas Wolfe mit seinem Manuskript von »Of Time and the River«.

㉗ Ecole des Beaux-Arts 14, rue Bonaparte

In der amerikanischen Architekturwelt, die noch im 19. Jahrhundert verhaftet war, galt es als wichtig, den Stil des Barock an der Ecole des Beaux-Arts zu studieren. Nachdem der berühmte Designer Bernard Maybeck aus Paris zurückgekehrt war, lehrte er an der University of California. Dort ermutigte er Julia Morgan, ebenfalls die Ecole des Beaux-Arts zu besuchen. Sie wurde die erste Frau, die dort studierte. Der Zeitungsverleger William Randolph Hearst und seine Familie beauftragten später Maybeck und Morgan, ihre Besitzungen in Kalifornien zu gestalten.

Der amerikanische Architekt Raymond Hood machte 1911 an dieser Schule sein Examen. Mit seinem Partner John Mead Howells entwarf er den Chicago Tribune Tower. In einem Artikel im *Architectural Forum* schrieb Hood, daß sein französischer Lehrer Lalaux zu einem Studenten, der Schwierigkeiten hatte, ein passendes Ornament für einen bestimmten Platz zu finden, gesagt habe: »Warum versuchen Sie es nicht mit nichts?«

Als Marcel Proust 1905 hier eine Whistler-Ausstellung besuchte, war er so beeindruckt von dessen Landschaften, daß er seiner Mutter schrieb, sie solle sich die Ausstellung unbedingt anschauen. Er legte eine Liste der Bilder bei, die er ihrer besonderen Aufmerksamkeit empfahl. Zu der Zeit war Whistler in Frankreich schon berühmt. Im Musée du Luxembourg hing das Porträt seiner Mutter (vgl. S. 146), das von der französischen Regierung gekauft worden war.

㉘ Wohnung von Anatole France 15 und 19, quai Malaquais

Als Anatole France 1924 starb, beschrieb Janet Flanner den Leichenzug, der von seinem Haus ausging: »... eines der größten, prätentiösesten Schauspiele, die das moderne Paris je gesehen hat, mit einer unermeßlichen Prachtentfaltung von Blumen und vereinzelten Menschenmengen, die sich ... außerhalb des Hauses ... versammelt hatten ... dem Geleitzug folgte durch die Straßen ... eine Gruppe von respektlosen Surrealisten, die seine Popularität und seinen literarischen Stil verachteten und auf dem ganzen Weg im Chor Beleidigungen gegen sein Andenken hinausschrien. Das war wahrscheinlich eine ihrer ersten sadistischen Straßenkundgebungen und wurde als Skandal angesehen, denn Paris galt bis dahin als eine Stadt, die ihren Intellektuellen große Wertschätzung entgegenbrachte.« (*Paris Was Yesterday*, S. 4)

Anatole France, ein leise sprechender, einfacher und freundlicher Mann, hatte 1921 den Literaturnobelpreis erhalten. Als Albert Einstein nach seiner Meinung zu Anatole France gefragt wurde, antwortete er: »Intellektuell ist er ein Skeptiker, gefühlsmäßig aber nicht.«

Gehen Sie weiter den Quai entlang bis zur ersten Querstraße nach links, der Rue des Saints Pères, der Sie folgen, bis Sie wieder die Rue Jacob erreicht haben, in die Sie nach links einbiegen.

㉙ Das frühere Hôtel Jacob, heute Hôtel d'Angleterre 44, rue Jacob

Als Sherwood Anderson 1921 in Paris eintraf, mietete er hier ein Zimmer für 75 Cents pro Tag. Anderson hatte seine Karriere in der Werbebranche mit 44 Jahren aufgegeben und wurde durch die Veröffentlichung von *Winesburg, Ohio* (1919) ein anerkannter Schriftsteller. William Faulkner vertrat die Ansicht, daß Anderson der Vater seiner Generation von amerikanischen Schriftstellern sei.

Auf Andersons Empfehlung hin wohnten Ernest und Hadley Hemingway im Dezember 1921 in diesem »guten und billigen« Hotel. Heute ist es sehr beliebt bei amerikanischen Verlegern, aber keineswegs mehr billig. Am ersten Weihnachtstag gingen die Hemingways die Rue Bonaparte hinunter und über die Seine zur Avenue de l'Opéra, um im Café de la Paix, das damals als *chic* galt, ihr Weihnachtsmenü einzunehmen. Das Essen kostete mehr, als sie gedacht hatten, und so mußte Hemingway seine Frau als Pfand zurücklassen und zur Rue Jacob marschieren, um Geld zu holen.

Biegen Sie an der Rue Bonaparte wieder nach links ein.

Ernest und Hadley Hemingway, Anfang 1922 in Chamby.

㉚ Das frühere Grand Hôtel de France 24, rue Bonaparte

Henry Miller und seine Frau June wohnten hier im April und Mai 1928. Zur Vorbereitung einer Fahrradtour durch Südfrankreich brachte Miller seiner Frau das Radfahren bei, und als Übungsstrecke benutzten sie dabei die nahe gelegene kurze Rue Visconti.

㉛ Le Pré aux Clercs 30, rue Bonaparte

Ernest Hemingway schrieb am 23. Dezember 1921 an Sherwood Anderson, daß Le Pré aux Clercs ihr Stammrestaurant geworden sei. »Für zwei kann man da ein erstklassiges Essen bekommen, mit Wein à la carte für zwölf Francs.« (*Ausgewählte Briefe 1917–1961*, S. 47)

32 Hôtel Saint-Germain-des-Prés
36, rue Bonaparte

1925 begann für die junge amerikanische Schriftstellerin Janet Flanner ein fünfzigjähriger Parisaufenthalt. Sie hatte die Aufgabe, einen *Brief aus Paris* für Harold Ross' neue Zeitschrift *The New Yorker* zu schreiben, und so erschienen im Laufe der Zeit mehr als 700 Kolumnen unter ihrem Pseudonym *Genêt*. Die Briefe sind voller unterhaltsamer Beobachtungen über die politische, gesellschaftliche und künstlerische Szenerie in Frankreich und Europa.

Janet Flanner war eng mit Hemingway befreundet. Vielleicht fühlten sie sich darum zueinander hingezogen, weil ihre Väter beide Selbstmord begangen hatten. Sie saßen häufig an einem der hinteren Tische im Deux Magots und diskutierten über Selbstmord als einen Akt der Freiheit. Das Gespräch endete mit der gegenseitigen Versicherung, daß, wenn je einer von ihnen Selbstmord beginge, der andere nicht trauern sollte, sondern daran denken, daß Freiheit für das Sterben genauso wichtig sei wie für das Leben. Später, nachdem Hemingway sich erschossen hatte, schrieb Flanner, daß sie sein Sterben, um Freiheit zu gewinnen, anerkenne, daß sie aber sehr um ihn trauere, weil er im Zustand des völligen Ruins gestorben sei.

Als Henry Miller im Februar 1930 nach Paris zurückkehrte, um sich ernsthaft seiner Schriftstellerkarriere zu widmen, bezahlte er für ein Zimmer im fünften Stock 500 Francs. Er schrieb über Paris: »Die Straßen singen, die Steine sprechen. Von den Häusern tropft Geschichte, Ruhm und Romantik.« Bei seinen früheren Versuchen, mit seinem Schreiben Geld zu verdienen, hatte Miller geglaubt, Paris könnte ihn dazu anregen, auf eine völlig andere Art zu leben. Paris war für ihn der einzige Ort, wo ein Künstler mit Würde ein Künstler bleiben konnte. »Ich war rasend vor Wut und berauscht.«

Die amerikanische Schriftstellerin Janet Flanner, 1927.

33 Rue Guillaume Apollinaire

Am 33. Todestag von Guillaume Apollinaire im Jahre 1951 wurde eine kleine Straße zwischen Rue Bonaparte und Rue Saint Benoît nach dem »Dichter von Paris« benannt. Wilhelm Apollinaris de Kostrowitzky liebte die Pariser Straßen, vor allem die Gegend von Saint-Germain-des-Prés mit ihren engen Gassen, den geschäftigen Märkten und der günstigen Lage. Nachdem er 1913 in dieses Viertel umgezogen war, sah man ihn häufig in seine frühere Wohngegend am Montmartre zurückgehen. Er war ein unermüdlicher Spaziergänger, meistens in Begleitung eines Freundes, und während sie gingen und redeten, wies er auf historische Sehenswürdigkeiten hin, häufig auf architektonisch interessante Bauwerke. Kochen und essen interessierten ihn ebensosehr, und oft schaute er in den exotischen Restaurants, in denen er gewöhnlich aß, bei der Zubereitung der Speisen zu. Apollinaire war nicht nur ein erfolgreicher und bedeutender symbolistischer Dichter, sondern auch ein scharfsichtiger Kunstkritiker, Verfasser von Romanen und Erzählungen und ein glänzender Gesprächspartner. Gertrude Stein war der Ansicht, daß Apollinaire von allen Personen, die Picasso umgaben, die lebendigste sei. Er war »außerordentlich geistreich, und einerlei wovon die Rede war, er erfaßte im Nu, ob er etwas darüber wußte oder nicht, den Kernpunkt des Themas und ließ sich infolge seines Verstandes und seiner Phantasie lang und breit darüber aus und besser als jeder, der etwas darüber wußte, und seltsamerweise hatte er auch meistens völlig recht.« (*Autobiographie von Alice B. Toklas,* S. 71)

Guillaume Apollinaire, vor 1914.

34 Square Laurent Prache Rue Bonaparte und Rue de l'Abbaye

Gehen Sie durch die Gartenanlage der Kirche Saint-Germain-des-Prés.

Der zentrale Glockenturm dieser Kirche ist das älteste Kirchengebäude von Paris und stammt aus dem 11. Jahrhundert. Auf dem Platz hat im 6. Jahrhundert eine Merowingerabtei gestanden. Wenn Sie durch die Pforte gehen, sehen Sie direkt vor sich Picassos *Frauenkopf,* den er 1959 geschaf-

Pablo Picassos Skulptur »Frauenkopf«, 1959.

fen und seinem treuen Freund Apollinaire gewidmet hat. Die Büste wirkt in dem Garten streng und fremdartig. Im Winter ist die Kahlheit des Gartens und die nüchterne Form der Kirche die ideale Umgebung für die Skulptur mit den kraftvollen Linien.

Verlassen Sie den Garten und biegen Sie nach rechts in die Rue de l'Abbaye ein, dann in die zweite Straße nach links, die Rue Cardinale.

35 Die früheren Büroräume der »Black Sun Press« 2, rue Cardinale

An der Biegung der engen Straße, ein Stockwerk über dem Drucker Roger Lescaret, befand sich das Büro der *Black Sun Press.* Harry und Caresse Crosby wählten den Namen nach einem Gedicht ihres Freundes Archibald MacLeish, *No Lamp Has Ever Shown Us Where To Look* (Keine Lampe hat uns je gezeigt, wohin wir schauen sollen). Die letzten Zeilen lauten: »Stets an undurchdringliche Himmel geheftet / der kleine schwarze Kreis der Sonne.« Crosby war ein fanatischer Sonnenanbeter und trug die Tätowierung einer Sonne auf der Fußsohle. Er wählte die Titel für die sorgfältig gemachten Bücher aus, Gestaltung und Edition besorgte Caresse Crosby. Sie genossen ihr Leben als Förderer der Künste und brachten Bücher von James Joyce, D. H. Lawrence, Ernest Hemingway, William Faulkner und Archibald MacLeish heraus. Harrys Vetter Walter van Rensselaer Berry vermachte ihm u. a. 16 Briefe von Henry James, die 1928 erschienen. Die *Black Sun Press* existierte in Paris noch bis 1933, von 1936 bis in die fünfziger Jahre besorgte Caresse Crosby die Edition in den Vereinigten Staaten.

Gehen Sie um die Ecke in die Rue de Furstemberg. Zu Ihrer Linken befindet sich ein kleiner Platz.

36 Place de Furstemberg

Die Place de Furstemberg, in deren Mitte eine einzelne weiße Kugellampe und vier Kaiserbäume stehen, hat eine hervorragende Akustik und bietet darum Straßenmusikanten eine gute Bühne für improvisierte Konzerte. Henry Miller beschreibt den Platz in *Wendekreis des Krebses* (*Tropic of Cancer,* 1934): »Als ich gestern abend vorbeikam, war alles verlassen, öde, gespenstisch. In der Mitte des Platzes

vier schwarze Bäume, die noch nicht ausgeschlagen haben. Intellektuelle Bäume, von den Pflastersteinen genährt. Wie T. S. Eliots Verse.« (S. 41)
Besuchen Sie die Hausnummer 6, das Musée Delacroix, *das frühere Atelier des Malers Eugène Delacroix.*
Während Delacroix zu seiner Zeit der Kopf der Romantischen Schule war, inspirierten seine leuchtenden Farben, seine Verwendung des Lichts und sein Gefühl für Bewegung im späten 19. Jahrhundert die Impressionisten. So ist er einer der wichtigen Wegbereiter der modernen Kunst.
Verlassen Sie den Platz an der Rue de l'Abbaye, wenden Sie sich nach links und dann wieder nach rechts in die Rue de l'Echaudé, gehen Sie dann rechts um die Kirche herum zur Place Saint-Germain-des-Prés.

37 Café Aux Deux Magots Place Saint-Germain-des-Prés und Rue Bonaparte

Für Morley Callaghan war »Saint-Germain-des-Prés mit seinen drei Cafés – Lipp, Flore und Deux Magots – ein Brennpunkt, das wahre Paris für illustre Intellektuelle« (*That Summer in Paris,* S. 194). Maler und Schauspieler aus anderen Hauptstädten und elegante Frauen kamen ebenfalls in diese Gegend. André Gide aß ab und zu im Deux Magots, und Picasso ging oft daran vorüber. Zwar blieb das Deux Magots auch immer das »Café um die Ecke«, doch war es zugleich ein Zentrum des internationalen Lebens in Paris.
Wenn Sie von der Straßenterrasse aus das Café betreten, sehen Sie sich den Mittelpfeiler an. Die *deux magots* sind zwei hölzerne Statuen von chinesischen Würdenträgern, die die glücklichen Umstände der Cafégründung heraufbeschwören. Ursprünglich sollte an dieser Stelle ein Modeladen eingerichtet werden, doch statt dessen wurde eine Bar eröffnet, die sich Aux Deux Magots nannte.
Hier machte der Herausgeber von *transition,* Eugène Jolas, Harry und Caresse Crosby mit Hart Crane bekannt. Die Crosbys waren von Cranes noch unvollendetem Poem *The Bridge* begeistert, und um ihn bei der Niederschrift zu unterstützen, boten sie ihm ihr Landhaus in der Nähe von Paris an. Außerdem wollten sie das Werk in ihrem Verlag veröffentlichen. Crane konnte zwar den Teil seines Epos mit dem Titel *Cape Hatteras* zu Ende schreiben, doch trank er unmäßig viel und kam im Juli 1929 sogar ins Gefängnis, weil er einen Polizisten geschlagen hatte. In der Gefängniszelle wurde er von Ratten gebissen. Nach

Café Aux Deux Magots in den dreißiger Jahren.

sechs Monaten wurde er in die Obhut der amerikanischen Botschaft entlassen, und Crosby kaufte ihm ein Rückflugticket nach New York.

Louis Aragon, André Breton und Philippe Soupault saßen oft in diesem Café, während sie 1924 das *Surrealistische Manifest* ausarbeiteten. Andere Surrealisten, die sich häufig zu ihnen gesellten, waren André Masson, Max Ernst, Man Ray und Joan Miró.

»...Die Surrealisten hatten ihren Stammtisch gegenüber der Eingangstür des Deux Magots, und von diesem günstigen Platz aus konnte ein dort sitzender Surrealist bequem jeden Neuankömmling, der sich mit ihm auf eine Fehde einließ, beleidigen, oder mit ihm seinen Plan diskutieren, den Verleger einer kampflustigen antisurrealistischen Zeitung auszupeitschen, weil der seinen Namen erwähnt hatte, oder schlimmer noch, weil er seinen Namen nicht erwähnt hatte im neuesten surrealistischen Klatsch über den erbitterten Machtkampf zwischen den ergebenen Anhängern des Begründers des Surrealismus, André Breton, und ihren Rivalen, die zu Louis Aragon, dem Dichterfürsten und größten Romancier des Surrealismus, übergelaufen waren.« (Janet Flanner, *Paris Was Yesterday*, S. XIII f.)

Zweiter Spaziergang
Das Aristokratenviertel

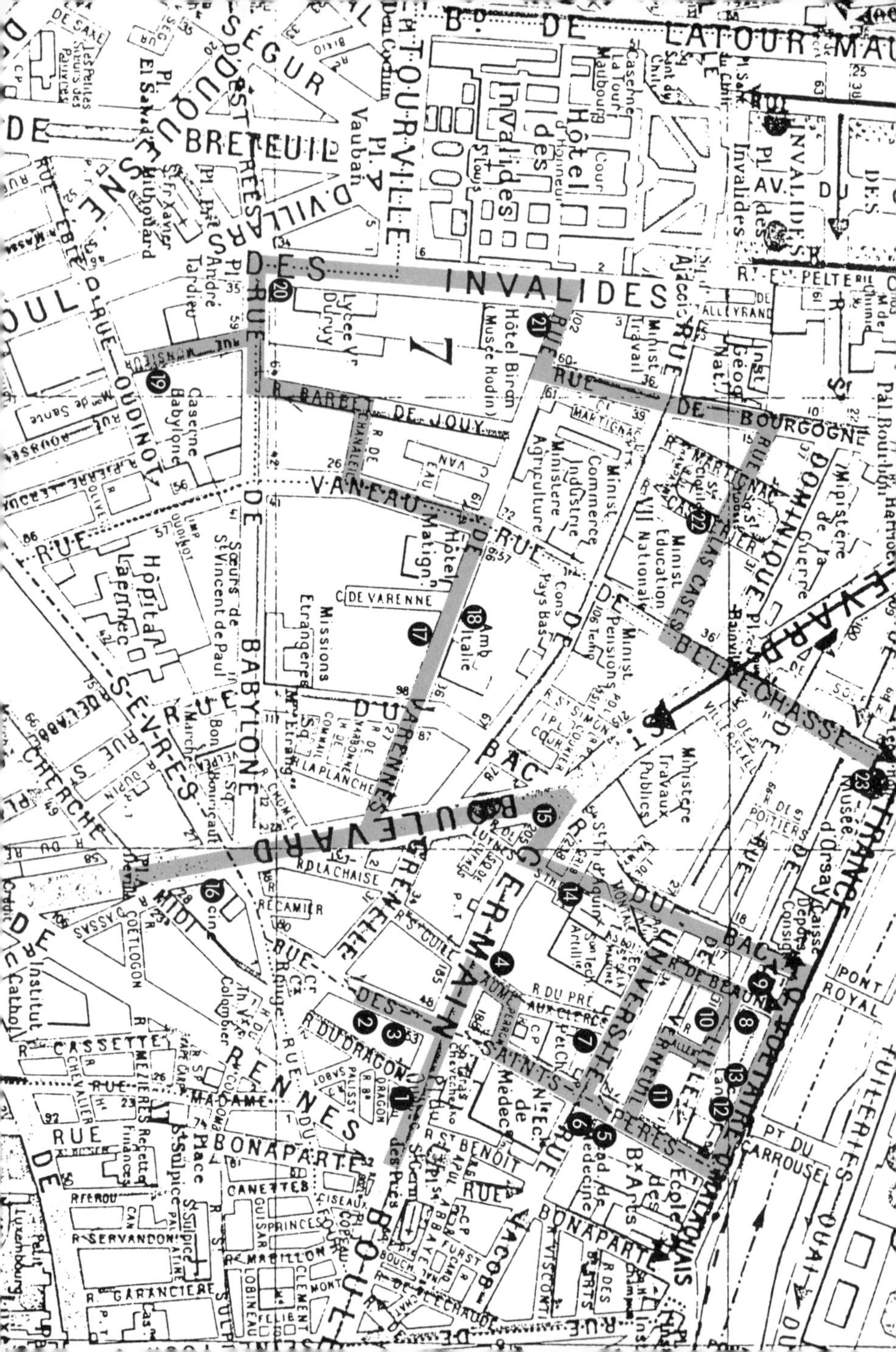

Bd DE LATOUR MAUBOURG
SÉGUR
BRETEUIL
DUQUESNE
Pl. Vauban
TOURVILLE
D. VILLARS
Hôtel des Invalides
Cour d'Honneur
St Louis
Caserne La Tour Maubourg
PL. DES INVALIDES
AV. DES INVALIDES
R. EN. PELTERIE
RUE DES INVALIDES
Lycée V. Duruy
7
Hôtel Biron (Musée Rodin)
R. BARBET DE JOUY
RUE DE BOURGOGNE
Minist. Travail
Inst. Géog. Nat.
PL. DE TALLEYRAND
Pal. Bourbon
Ministère de la Guerre
RUE ST DOMINIQUE
R. MARTIGNAC
RUE LAS CASES
R. DE CHANALEILLES
VANEAU
RUE DE BABYLONE
Caserne Babylone
R. MONSIEUR
RUE OUDINOT
RUE ROUSSELET
R. PIERRE LEROUX
Hôpital Laënnec
Sœurs de St Vincent de Paul
Ministère Agriculture
Minist. Industrie Commerce
Minist. Éducation Nationale
RUE DE VARENNE
Hôtel Matignon
Missions Étrangères
Amb. Italie
Cons. Pays Bas
Minist. Pensions
RUE DE BELLECHASSE
BOULEVARD ST GERMAIN
RUE DU BAC
R. ST SIMON
Ministère Travaux Publics
RUE DE GRENELLE
R. DE LA CHAISE
RÉCAMIER
RUE DE SÈVRES
R. CHERCHE MIDI
R. DE VILLERSEXEL
RUE DE POITIERS
Musée d'Orsay
RUE DE LILLE
RUE DE L'UNIVERSITÉ
R. DE BEAUNE
RUE DE VERNEUIL
R. DU PRÉ AUX CLERCS
RUE DES SAINTS PÈRES
R. DU DRAGON
Institut Cathol.
R. CASSETTE
R. MÉZIÈRES
RUE MADAME
RUE DE RENNES
RUE BONAPARTE
St Sulpice
R. FÉROU
R. SERVANDONI
R. GARANCIÈRE
CANETTES
GUISARDE
PRINCES
R. MABILLON
R. LOBINEAU
R. CLÉMENT
RUE JACOB
R. VISCONTI
Éc. Nle des Bx Arts
QUAI MALAQUAIS
PONT ROYAL
PT DU CARROUSEL
TUILERIES
QUAI
R. ST BENOIT
R. DE L'ABBAYE
R. DE FURSTENBERG
R. DE L'ÉCHAUDÉ
BOULEVARD
1
2
3
4
5
6
7
8
9
10
11
12
13
14
15
16
17
18
19
20
21
22
23

Métro: Saint-Germain-des-Prés
Busse: 39, 48, 58, 63, 70, 87, 95, 96

Nehmen Sie den Métro-Ausgang der ungeraden Hausnummern, überqueren Sie die Kreuzung und gehen Sie den Boulevard Saint-Germain vier Häuser weit. Halten Sie Ausschau nach einem Schild mit einem großen, überschäumenden Bierkrug.

❶ Brasserie Lipp
151, bd. Saint-Germain

Beginnen Sie den zweiten Spaziergang mit einem Lunch in dem elsässischen Bierlokal, wie es Hemingway in seinen Erinnerungen *Paris – ein Fest fürs Leben* so appetitanregend beschrieben hat: »Es waren nur wenige Leute in der *brasserie,* und als ich mich auf die Bank setzte, gegen die Wand, mit dem Spiegel im Rücken und dem Tisch vor mir, und der Kellner mich fragte, ob ich Bier haben wolle, bestellte ich Kartoffelsalat und ein *distingué,* den großen Glaskrug, der einen Liter faßt.
Das Bier war sehr kalt und trank sich wunderbar. Die *pommes à l'huile* waren fest und gut mariniert und das Olivenöl köstlich. Ich zermahlte etwas schwarzen Pfeffer über den Kartoffeln und tunkte das Brot in das Olivenöl. Nach dem ersten tiefen Zug Bier trank und aß ich sehr langsam. Als die *pommes à l'huile* alle waren, bestellte ich mir noch eine Portion und eine *cervelas.* Das war eine Wurst, wie eine große, dicke, in Hälften geschnittene Frankfurter, die mit einer vorzüglichen Senfsauce bedeckt war.
Ich wischte alles Öl und alles von der Sauce mit Brot auf und trank das Bier langsam, bis es nicht mehr so kalt war, und dann trank ich es aus und bestellte ein *demi* und sah zu, wie es abgezogen wurde. Es schien kälter als das *distingué,* und ich trank es zur Hälfte.« (S. 231)
Heute kann man bei Lipp's auch Sauerkraut und Bratwurst essen, und man trifft in den engen Nischen nicht selten französische Politiker.
Gehen Sie den baumgesäumten Boulevard Saint-Germain anderthalb Häuserblocks weiter und biegen Sie dann nach links in die Rue des Saints-Pères.

Die Brasserie Lipp am Boulevard Saint-Germain.

❷ Hôtel des Saints-Pères
65, rue des Saints-Pères

Im Januar 1921 kam Edna St. Vincent Millay im Auftrag des Magazins *Vanity Fair* nach Paris, für das sie monatlich zwei Artikel schreiben sollte. Sie hatte gerade erst die Abschlußprüfung am Vassar College in New York bestanden, sich aber schon mit ihrem

Die amerikanische Lyrikerin Edna St. Vincent Millay.

ersten Buch *Renascence and Other Poems* (1917) einen Namen gemacht. Um ihre Karriere als Schriftstellerin nicht zu gefährden, schrieb sie ihre Kolumnen unter Pseudonym. Als sie in diesem Hotel wohnte, beendete sie das fünfaktige Versdrama *The Lamp and the Bell* für ein Jahresfest am Vassar College. »Ich gehe fast jeden Nachmittag nach draußen und mache meilenweite Spaziergänge. Sie sind so anregend, daß ich nicht mehr aufhören kann, wenn ich einmal losgegangen bin.« (*The Letters of Edna St. Vincent Millay,* S. 115)

❸ Hôtel Pas-de-Calais 59, rue des Saints-Pères

Im Sommer 1921 lebten Ezra Pound und seine Frau Dorothy Shakespeare, eine englische Künstlerin, hier in einem Zimmer im obersten Stock – auf einer »Hühnerstange«, wie Pound es nannte. Pound, der Gründer der Imagisten, war damals Mitherausgeber der Zeitschrift *Dial* und Herausgeber der *Little Review.* Er war kurz vorher aus London gekommen, da es seiner Meinung nach in England kein intellektuelles Leben gab und seine Gedichte nur auf der »Insel Paris«, wie er sich ausdrückte, anerkannt würden.
In den ersten Jahren seines Schriftstellerdaseins legte Ernest Hemingway seine Manuskripte sowohl Ezra Pound als auch Gertrude Stein zur Begutachtung vor. »Ezra hatte meistens zur Hälfte recht, und wenn er sich irrte, irrte er sich so gründlich, daß es keinen Zweifel gab. Gertrude hatte immer recht.«
Gehen Sie zum Boulevard Saint-Germain zurück, überqueren Sie ihn, wenden Sie sich nach links und gehen einen Häuserblock weiter.

Dorothy Pound, um 1920

❹ Wohnung von Guillaume Apollinaire 202, bd. Saint-Germain

Eine Tafel an diesem Gebäude weist daraufhin, daß Guillaume Apollinaire von 1913 bis zu seinem Tod am 9. November 1918 hier lebte. Von den sechs kleinen Zimmern im sechsten Stock, durch Korridore miteinander verbunden und 65 Meter über dem Boulevard Saint-Germain, sah man auf die Dächer der Nachbarhäuser. Bilder, Bücher, Skulpturen, Souvenirs und ein seltsames Sammelsurium von Möbelstücken füllten die Zimmer. Apollinaire arbeitete an einem kleinen Schreibtisch, der vor einem Fenster stand. Meistens kochte er selbst in der winzigen Küche.

Heute gilt Apollinaire als Hauptvertreter der Avantgarde in der Literatur und den bildenden Künsten. Zu seinem Freundeskreis gehörten Picasso, André Derain und Alfred Jarry. Die Malerin Marie Laurencin war seine Geliebte. Seine Essays zeigen, wie sehr er den Kubismus schätzte und wie er das Werk von Georges Braque, Juan Gris, Fernand Léger, Francis Picabia, Henri Matisse und Marc Chagall zu fördern suchte. Der Titel eines seiner Bücher, die Sammlung *Die Maler des Kubismus* (*Les Peintres Cubistes*, 1913) gab der Bewegung ihren Namen.

Gehen Sie wieder zurück bis zur Straßenecke, biegen Sie nach links in die Rue Saint-Guillaume ein und folgen ihr einen Block weit. Biegen Sie nach rechts in die Rue Perronet ein und gehen Sie einen Häuserblock weiter, bis Sie wieder zur Rue des Saints-Pères kommen, in die Sie nach links einbiegen. Sie kommen an dem alten protestantischen Friedhof vorbei. Überqueren Sie die Rue de l'Université und folgen Sie weiter der Rue des Saint-Pères.

Ezra Pound, um 1920

❺ Wohnung von Rémy de Gourmont 29, rue des Saints-Pères

Hier wohnte Rémy de Gourmont, ein ausgesprochen produktiver Literaturkritiker, Roman- und Gedichteschreiber. In der Nähe lebte Natalie Clifford Barney (vgl. S. 38f.), mit der er fünf Jahre lang befreundet war. Da er sehr zurückgezogen lebte, war es Natalie Barney gewesen, die ihn zuerst besucht und um seine Freundschaft geworben hatte. De Gourmont widmete der hochgewachsenen Reiterin seine *Lettres à l'Amazone* (1914), Natalie Barney veröffentlichte 1920 *Pensées d'une Amazone*.

Kehren Sie zur Ecke Rue Jacob zurück.

Nora, George und James Joyce, Anfang der Zwanziger Jahre.

❻ Das frühere Restaurant Michaud Rue des Saints-Pères und Rue Jacob

In ihren ersten mageren Pariser Jahren standen Ernest und Hadley Hemingway eines Tages vor diesem Restaurant und lasen die ausgehängte Speisekarte. »Wie wir so dastanden, überlegte ich, wieviel von dem, was wir auf der Brücke gefühlt hatten, einfach Hunger gewesen war. Ich fragte Hadley, und sie sagte: ›Ich weiß nicht, Tatie. Es gibt so viele Arten von Hunger. Im Frühling gibt es mehr. Aber der ist jetzt vorbei. Erinnern ist Hunger.‹« (*Paris – ein Fest fürs Leben*, S. 223)

In den Zwanziger Jahren war das Michaud das Lieblingsrestaurant von James Joyce und Ernest Hemingway. Er hat die Familie Joyce beim Essen so beschrieben: »Er und seine Frau an der Wand – Joyce hielt die Speisekarte in einer Hand in die Höhe und beäugte die Speisekarte durch seine dicken Brillengläser, Nora neben ihm, ein herzhafter, aber wählerischer Esser, Giorgio dünn, geziert, mit gestriegeltem Hinterkopf, Lucia mit schönem, lockigem Haar, ein noch nicht ganz erwachsenes Mädchen. Sie sprachen alle italienisch.« *(Ebd.)*

Überqueren Sie wieder die Rue des Saints-Pères und wenden Sie sich nach rechts in die Rue de l'Université.

❼ Das frühere Hôtel de l'Université 9, rue de l'Université

Ezra Pound wurde von William Butler Yeats auf James Joyce aufmerksam gemacht. Joyce lebte damals als Fremdsprachenlehrer in Triest. Im Dezember 1913 schrieb Pound an Joyce und fragte ihn, ob er einen Text von ihm veröffentlichen dürfe. Jahre später, 1920, finanzierte Pound die Rückkehr der Familie Joyce nach Irland. Joyce, in einem Secondhandanzug und neuen, von Pound gekauften Schuhen, mit Frau Nora, Sohn und Tochter, unterbrach die Reise in Paris und wohnte in einer Privatpension. Schließlich wurden aus dem kurzen Besuch 20 Jahre in einer Großstadt, die Joyce die »letzte der menschlichen Städte« genannt hat.

T. S. Eliot, um 1930.

Im selben Haus verbrachte der 22jährige Dichter und Kritiker T. S. Eliot den Sommer 1910. Damals hatte er noch vor, Angestellter bei einer Londoner Bank zu werden. Dieses Schicksal blieb ihm jedoch durch seine Gönnerin Lady Rothermere erspart. Statt dessen wurde er Herausgeber der Londoner Zeitschrift *The Criterion*. Eliots erstes wichtiges Gedicht, *J. Alfred Prufrocks Liebesgesang* (*The Love Song of J. Alfred Prufrock*, 1915), entstand während seiner Pariser Zeit und ist ein Ausdruck der Qual ungefestigter Identität.

Erst im Herbst 1924 lernte Eliot, inzwischen ein einflußreicher Kritiker, Gertrude Stein kennen. Als er sie fragte, wer ihr Vorbild für ihre häufige Benutzung des gespaltenen Infinitives sei, erklärte Gertrude Stein: »Henry James.« Eliot war bereit, ein Beispiel ihrer Arbeit zu drucken, meinte aber, nur wirklich Neues käme in Frage. Noch am selben Abend schrieb Gertrude Stein für ihn: *A Description of the Fifteenth of November: A Portrait of T. S. Eliot.*

1948 erhielt Eliot den Literaturnobelpreis. Als ein Freund zu ihm sagte: »Gratuliere zu dem Preis, alter Junge. Es war höchste Zeit, würde ich sagen«, erwiderte Eliot düster: »Ich würde eher sagen: zu früh. Der Preis ist eine Fahrkarte zur eigenen Beerdigung. Niemand hat jemals noch was geleistet, nachdem er ihn hatte.«

Als Eliot hier wohnte, las er den französischen Roman *Bubu de Montparnasse* (1901) von Charles Louis Philippe, und als die *Black Sun Press* 1932 die englische Übersetzung veröffentlichte, schrieb Eliot ein wohlwollendes Vorwort dazu. Für ihn verkörperte das Buch ein Paris, wie er es zuerst kennengelernt hatte.

Folgen Sie weiter der Rue de l'Université, biegen Sie bei der Rue de Beaune nach rechts ab und gehen Sie zwei Häuserblocks weiter bis zur Rue de Lille, wo Sie sich nach links wenden.

❽ Hôtel Elysée
9, rue de Beaune

Ezra Pound half nicht allein Joyce und seiner Familie, er unterstützte auch andere junge Schriftsteller, indem er ihre Arbeiten in den Zeitschriften *Poetry, The Dial* und *The Little Review* veröffentlichte. Pound war jeder Zoll ein Dichter, wenn er mit seiner Samtjacke, dem offenen Hemd mit Schillerkragen, seinem goldenen Bart und dem langen Haar auftauchte.

Eines Tages kam es zwischen Ezra Pound und dem Herausgeber des *Dial*, Scofield Thayer, zu einer heftigen Diskussion. In Gertrude Steins *Autobiographie von Alice B. Toklas* heißt es dazu: »Vor lauter Überraschung wegen dieser Heftigkeit fiel Ezra Pound vom Stuhl – es war Gertrude Steins Lieblingssessel, den ich seitdem mit Picasso-Mustern bestickt habe –, und Gertrude Stein war wütend. Schließlich gingen Ezra Pound und der Herausgeber des *Dial* fort, und keiner war in sehr gehobener Stimmung. Gertrude Stein wollte Ezra Pound nie wiedersehen. Ezra begriff nicht recht weshalb. Er traf Gertrude Stein eines Tages in der Nähe der Luxembourggärten und sagte, aber ich möchte unbedingt zu Ihnen kommen. Es tut mir leid, erwiderte Gertrude Stein, aber Miß Toklas hat einen schlimmen Zahn, und außerdem haben wir alle Hände voll zu tun, um Feldblumen zu pflücken. Daran war jedes Wort wahr, wie bei allem, was Gertrude Stein äußert, doch Ezra regte sich darüber auf, und wir sahen ihn nie wieder.« (S. 237 f.)

❾ Gelände der Galérie Paul Rosenberg
Rue de Beaune

In den dreißiger Jahren stellte Paul Rosenberg Arbeiten von Pablo Picasso in seiner Galerie aus, die sich in dieser Straße befand. Für Picasso hatte eine neue Periode seiner Malerei begonnen, als ihn 1937 die Bombardierung der baskischen Hauptstadt Guernica durch die Deutschen zu seinem beispiellosen Feldzug gegen die menschliche Zerstörungswut veranlaßte. In der Jahresausstellung 1939 waren 20 Blumenbilder von Picasso zu sehen, die Rosenberg für 150 000 Francs das Stück verkaufte.

20 Jahre zuvor hat hier der Komponist Erik Satie seine avantgardistischen Dichtungen und Musik-Happenings vorgestellt.

Biegen Sie rechts in die Rue de Lille ein und folgen ihr.

❿ Wohnung von Harry und Caresse Crosby
19, rue de Lille

Das Gebäude ist das Musterbeispiel eines *hôtel particulier* aus dem 18. Jahrhundert. In einem der Flügel bewohnten Harry und Caresse Crosby drei Stockwerke. Beachten Sie die riesige Holztür in der hohen Mauer, eingefaßt von zwei geschnitzten Säulen, die von einer überreich mit Früchten gefüllten Urne aus Sandstein und einer gemeißelten Blumengirlande

gekrönt sind. Die Tür ist meistens offen. Betreten Sie den Hof.
Crosbys umfangreiche Bibliothek im obersten Stockwerk nahm den ganzen Flügel mit den drei Fenstern zur Straße hin ein. Handgeschnitzte hölzerne Zierleisten und geschliffene Kristallkronleuchter schmückten die großen Räume mit den hohen Decken. Der verschwenderisch eingerichtete, unpersönlich anmutende Salon wurde jedoch selten benutzt. Das Leben des Ehepaars Crosby spielte sich im wesentlichen im Schlafzimmer und im Badezimmer ab.
In der Regel zogen sich die Crosbys um acht Uhr abends in ihr Schlafzimmer zurück. Harry Crosby pflegte dort zu schreiben, zu arbeiten und zu essen, auch lud er gern Freunde dorthin

Eingang des Hauses 19, rue de Lille.

ein. Neben dem Schlafzimmer lag das schwarzweiße Badezimmer mit einer in den Boden eingelassenen Badewanne aus Marmor. Es gab einen offenen Kamin, einen Teppich aus weißem Bärenfell und eine Chaiselongue mit vielen Kissen. Wenn Gäste in der Wanne, in der drei Personen Platz hatten, baden wollten, wurden ihnen exotische Badeöle, Salze und dicke Bademäntel gereicht. Sie durften ihren Gastgebern sogar im Bett Gesellschaft leisten.
1938 bewohnten der Surrealist Max Ernst und seine Frau Dorothea Tanning den Flügel. Ernst war seit langem mit den Crosbys befreundet. Sein Buch *Misfortunes of the Immortals,* zusammen mit Paul Eluard geschrieben und von Hugh Chisholm ins Englische übersetzt, gehörte zu den letzten Werken, die Caresse Crosby in New York herausgab. Die ungewöhnlichen Ölbilder und Collagen von Max Ernst fanden in der Kunstszene der Zwanziger Jahre große Beachtung.
Gehen Sie die Rue de Lille weiter bis zur Rue Allent, biegen Sie nach rechts ein und durchqueren Sie die enge Straße bis zur Rue de Verneuil, in die Sie nach links einbiegen.

⑪ Die früheren Büroräume von »transition« 6, rue de Verneuil

1927 gründete Eugène Jolas hier in einer Wohnung die Literaturzeitschrift *transition.* Mitherausgeber der Zeitschrift waren die Pariser Kollegen von *Tribune,* Elliot Paul und Robert Sage. In mehreren aufeinander folgenden Interviews hatte Jolas zwischen 1924 und 1926 in der *Paris Tribune* der eng-

Eugène Jolas, Paris, 1931.

lischsprachigen Literaturszene die Arbeiten der frühen Surrealisten vorgestellt. *transition* wurde nun zum Sprachrohr der surrealistischen Bewegung. Es erschienen darin Texte von André Gide und Philippe Soupault und in späteren Jahren Texte von Gertrude Stein, Archibald MacLeish und Kay Boyle. Jolas schrieb: »*transition* will zur Suche nach der magischen Kraft in dieser seltsamen Welt um uns ermutigen.«
Gehen Sie die Rue de Verneuil bis zur Rue des Saints-Pères und wenden Sie sich dort nach links zur Seine. Am Quai Voltaire wenden Sie sich wieder nach links.

⓬ Wohnung von Virgil Thomson, Paul Bowles und Lucie Delarue-Mardrus 17, quai Voltaire

1925 brachte der amerikanische Komponist George Antheil seinen Kollegen Virgil Thomson zu einem Abend bei Gertrude Stein mit. Daraus wurde eine lange Freundschaft voll gegenseitiger Hochachtung. Alice B. Toklas charakterisierte Thomson als klug, sensibel und geistreich. Thomson hatte als Student an der Harvard University Gertrude Steins *Zarte Knöpfe* (*Tender Buttons,* 1914) gelesen, ein Buch, das, so schrieb er später, »mein Leben änderte«.
13 Jahre lang, 1927–40, wohnte Thomson hier in einem kleinen Dachzimmer. In dieser Zeit vertonte er Gedichte von Gertrude Stein und komponierte die Musik zu ihrer Oper *Four Saints in Three Acts.* Jeden Freitagnachmittag trafen sich in Thomsons Studio, aus dessen einzigem Fenster man nur ein winziges Stück der Seine sieht, Pablo Picasso, Jean Cocteau, André Gide, der damalige Kunsthändler Christian Dior, Ernest Hemingway, F. Scott Fitzgerald und andere Berühmtheiten.
»Selbst die Polizei behandelte dich freundlich, wenn du ein Künstler warst«, sagte Virgil Thomson später über seine Pariser Zeit. Er kehrte 1940 nach New York zurück und wurde Musikkritiker der *Herald Tribune.*
Im selben Haus wohnte 1931 Paul Bowles. Eine Zeitlang teilte er den kleinen Raum mit dem verarmten Maler Maurice Grosser. Beide kochten gern und setzten ihren Freunden exzellente, aber einfache Mahlzeiten vor.
Bevor Bowles aus einem College in Virginia davongelaufen und nach Paris gegangen war, hatte er mit Gertrude Stein korrespondiert. Sie half ihm, einige Gedichte in europäischen Zeitschriften unterzubringen, und sie und Alice B. Toklas nahmen an, daß

Gertrude Stein und Virgil Thomson.

Bowles ein vornehmer älterer Herr sei. Als Aaron Copland im Sommer 1931 Paul Bowles mitbrachte und ihn vorstellte, war die Stein höchst erstaunt: Bowles war ein frühreifer junger Mann von 19 Jahren. Ursprünglich war er nach Paris gekommen, um Kompositionslehre zu studieren. Doch als seine schriftstellerischen Arbeiten in verschiedenen kleineren Zeitschriften gedruckt wurden, zum Beispiel in *This Quarter,* schlug Gertrude Stein ihm vor, nach Marokko zu gehen und sich dort ganz dem Schreiben zu widmen. In den folgenden 50 Jahren verfaßte Bowles Romane und Erzählungen, deren Schauplatz Nordafrika ist, unter anderen *Himmel über der Wüste* (*The Sheltering Sky,* 1948).

Als Bowles 1934 in New York war, berichtete er Gertrude Stein in einem Brief über den Erfolg ihrer neuen Oper: »Die Leute auf dem Broadway und in den Selbstbedienungsrestaurants unterhalten sich über *The Saints Play,* und jeder fragt sich, ob es sich überhaupt noch lohne zu versuchen, Karten zu bekommen.«

Nach ihrer Scheidung von dem Orientalisten Joseph Charles-Victor Mardrus lebte die französische Dichterin Lucie Delarue-Mardrus 1915–1936 ebenfalls hier. Sie war außergewöhnlich begabt. Ihr Roman *L'Ange et les Perverses* (1930) ist eine Erinnerung an ihre einstige Liebesaffäre mit Natalie Clifford Barney und an das Leben, in das sie damals eingeführt wurde. Aus ihrer Liebe wurde eine lange und herzliche Freundschaft.

Aaron Copland und Paul Bowles, 1932.

⓭ Hôtel du Quai Voltaire
19, quai Voltaire

Hier lebte Willa Cather 1920 für zwei Monate. In dieser Zeit arbeitete sie an dem Roman *One of Ours*, der in Paris spielt und 1922 den Pulitzerpreis erhielt.

Gehen Sie weiter bis zum Pont Royal, vorbei an Antiquitätenläden und Galerien. Wenden Sie sich nach links in die Rue du Bac und gehen Sie vier Häuserblocks weit. Überqueren Sie die Rue Montalembert. Gehen Sie auf die Kirche Saint-Thomas-d'Aquin zu.

⓮ Die Kirche Saint-Thomas-d'Aquin
Rue du Bac und
Rue Montalembert

Betreten Sie die Kirche durch die hintere Tür und durchqueren Sie sie bis zu dem Ausgang, der auf die Place Saint-Thomas-d'Aquin führt. 1918 fand innerhalb von sechs Monaten, zwischen Mai und November, in derselben Kirche die dritte Hochzeit von Guillaume Apollinaire und seine Beerdigung statt. Mit Picasso und dem Kunsthändler Ambrose Vollard als Trauzeugen heiratete Apollinaire seine dritte Frau, Jacqueline Kolb, genannt »Ruby«. Im Dezember 1914 war Apollinaire in die französische Armee eingetreten und hatte während des Krieges eine Kopfverletzung erlitten, starb aber am 9. November 1918 an Grippe. Der Leichenzug wand sich von hier aus durch die wegen des Waffenstillstands vom 11. November geschmückten Straßen von Paris.

Als Herausgeber mehrerer Zeitschriften veröffentlichte Apollinaire satirische Texte, die als pornographisch galten. Die Schriften des Marquis de Sade gehörten für ihn zu den wichtigsten Texten des 20. Jahrhunderts. Gertrude Stein schrieb nach seinem Tod: »Es war die Zeit gleich nach dem Kriege, als so vieles sich änderte und die Menschen sich aus den Augen verloren. Guillaume wäre ein Bindeglied gewesen, es lag in seiner Art, die Menschen zusammenzuhalten, und jetzt, da er von uns gegangen war, fand manche Freundschaft ein Ende.« (*Autobiographie von Alice B. Toklas*, S. 72)

Gehen Sie auf der Rue Saint-Thomas-d'Aquin einen Häuserblock weiter, überqueren Sie den Boulevard Saint-Germain, wenden Sie sich nach rechts und gehen Sie einen Häuserblock weit. Wenden Sie sich dann nach links zum Boulevard Raspail.

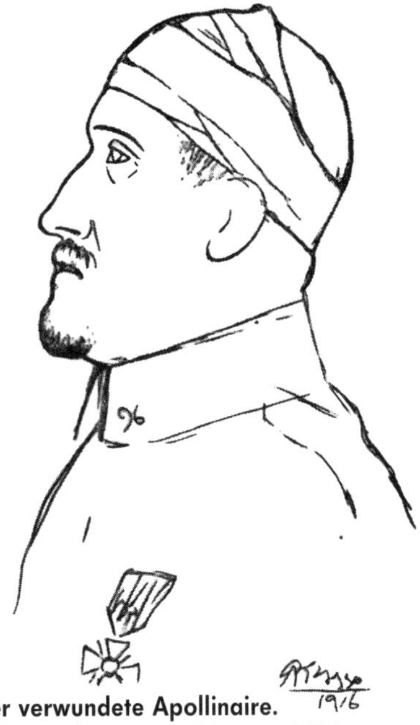

Der verwundete Apollinaire. Federzeichnung von Picasso, 1916.

⑮ Wohnung von James Joyce 5, bd. Raspail

James Joyce lebte zunächst mit seiner Familie durch Pounds Vermittlung in drei Wohnungen, die ihm Freunde zur Verfügung stellten. Danach zog er in diese teure Wohnung. Wie üblich lebte er weit über seine Verhältnisse, und seine Freunde mußten ihn bei der Bezahlung der Miete unterstützen. Die Zimmer sollen ordentlich, aber völlig phantasielos möbliert gewesen sein. Zum Schreiben benutzte Joyce einen quadratischen Tisch. In dem Wohnzimmer mit den braungemusterten Tapeten stand ein Klavier und ein Goldfischglas. Ein Porträt von Joyces Vater, das einzige Bild in dem Raum, hing über dem Kamin.

Den Fahrstuhl in der Eingangshalle des Hauses konnten nur zwei Personen auf einmal benutzen. Eines Tages fuhren Joyce, Robert McAlmon und Morley Callaghan darin nach oben. Während der Fahrstuhl sich langsam aufwärts bewegte und die drei Männer dicht beieinander standen, sagte Joyce: »Welch ein Verlust für die englische Literatur, wenn der Fahrstuhl abstürzte und wir alle ums Leben kämen!«

Folgen Sie dem Boulevard Raspail bis zur Kreuzung mit der Rue de Sèvres.

⑯ Hôtel Lutétia 43–45, bd. Raspail

Die Rokokofassade des Hotels ist bereits von weitem zu sehen. Picasso heiratete im Juli 1918 in der russischorthodoxen Kirche die Ballettänzerin Olga Koklova, und die beiden verbrachten im Lutétia ihre Flitterwochen. Das Ehepaar führte das Leben des

Picasso und Olga Koklova, Paris, 1917.

gehobenen Mittelstandes: Picasso war jetzt berühmt und verkehrte in der Pariser Bourgeoisie. Abends tauschte er seine farbbekleckstеn Cordjacken mit dem Smoking und besuchte regelmäßig die Soireen der Modeschöpferin Coco Chanel in ihrem Stadthaus am rechten Seineufer, wo er sich unter Kunstmäzene und die *nouveaux riches* mischte. »Picasso macht noch immer wunderschöne Sachen – wenn er Zeit dazu hat«, schrieb der spanische Maler Juan Gris damals.

Vorübergehend wohnten hier nach ihrer Ankunft in Paris zwei amerikanische Schriftsteller. William Carlos Williams, Arzt aus Rutherford, New Jersey, kam 1924 nach Paris, um zu schreiben, und er sollte eines Tages als einer der besten amerikanischen Dichter berühmt werden. Robert McAlmon führte ihn bei Gertrude Stein ein. Als sie Williams fragte, was er tun würde, wenn er so viele unveröffentlichte Manuskripte wie sie hätte, entgegnete er taktlos, er würde die besten aussuchen und den Rest verbrennen. Gertrude Stein war schokkiert und sagte: »Zweifellos. Aber Schreiben ist schließlich nicht Ihr Me-

tier.« Williams soll daraufhin Gertrude Stein, die vier Jahre an der John Hopkins University in Baltimore Medizin studiert und ihre letzten Examina nicht bestanden hatte, geantwortet haben: »Aber sind Sie denn sicher, Dr. Stein, daß Schreiben *Ihr* Metier ist?« (Vgl. *The Autobiography of William Carlos Williams,* S. 254)
1926 verbrachte der 23jährige amerikanische Schriftsteller Nathanael West ein paar Tage hier, bis er ein weniger luxuriöses Zimmer gefunden hatte.
Während Isadora Duncan 1925 ihre Memoiren *Mein Leben, meine Zeit* (*My Life,* 1928) hier schrieb, erfuhr sie vom Selbstmord ihres Mannes, des russischen Dichters Sergej Jessenin. Die beiden hatten sich nie scheiden lassen, weil die Duncan der Meinung war, ihre Heirat sei bereits eine vulgäre Angelegenheit gewesen und weil sie eine zweite, eine Scheidung, vermeiden wolle. Als Witwe des Dichters erbte sie sein ganzes Vermögen, überließ es aber seiner Mutter und Schwester.

Der amerikanische Schriftsteller William Carlos Williams.

Isadora Duncan mit ihrem Mann Sergej Jessenin, Moskau 1922.

Gehen Sie den Boulevard Raspail zurück, am gegenüberliegenden Square Boucicaut vorbei bis zur Rue de Varenne. Achten Sie in der Straße hinter dem Square Boucicaut auf das Warenhaus Bon Marché. Hier kaufte Alice B. Toklas Bettwäsche und Tischtücher. An der Rue de Varenne wenden Sie sich nach links. Ihr Weg führt Sie an der italienischen Botschaft vorbei. In dieser Gegend sieht man viel Polizei, weil sich im nahe gelegenen Hôtel Matignon die Büros des französischen Premierministers befinden.

⑰ Wohnung von Edith Wharton und Walter van Rensselaer Berry 53, rue de Varenne

In New York als Tochter reicher aristokratischer Eltern geboren, war Edith Newbold Jones, die spätere Edith Wharton, bereits eine erfolgreiche unabhängige Schriftstellerin mit einem großen Einkommen, als sie 1907 be-

Edith Wharton, um 1905.

schloß, sich für immer in Paris niederzulassen. Sie bewohnte 1912–19 eine große konventionelle Wohnung in dieser prächtigen Villa.

Edith Wharton war sehr produktiv. *Das Haus der Freude (House of Mirth)* erschien 1905, und während sie hier lebte, schrieb sie den Roman *Die Schlittenfahrt* (*Ethan Frome*, 1911). Für ihren letzten Roman *Jahre der Unschuld* (*The Age of Innocence*, 1920) erhielt sie den Pulitzerpreis. Sie war die erste Frau, der die Gold Medal of the National Institute of Arts and Letters verliehen wurde.

Die würdevolle Erscheinung und die zurückhaltende Art von Edith Wharton paßten eher ins 19. Jahrhundert ihres Freundes Henry James als zu den weniger steifen Umgangsformen ihrer amerikanischen Landsleute im Paris des frühen 20. Jahrhunderts. Als sie 1922, im Alter von 60 Jahren, tapfer versuchte, *Ulysses* zu lesen, tat sie das Buch schließlich doch als »Chaos von Pornographie, ungeformtes und unwichtiges Geschwätz« ab, eine Ansicht, die von vielen ihrer Zeitgenossen im Literatur-Establishment geteilt wurde. Ihre Briefe, Aufzeichnungen und Erinnerungen, 1934 unter dem Titel *A Backward Glance* erschienen, zeigen jedoch, daß sich hinter einer kalten Fassade und eleganten Kleidern eine sinnliche Natur verbirgt. Edith Wharton hatte einen brillanten Verstand, war aber zugleich sehr schüchtern. Alle ihre Emotionen flossen in ihre Bücher.

Mittelpunkt der Wohnung war eine runde Bibliothek, die sämtliche Werke von Henry James und eine Marmorbüste des Schriftstellers enthielt. Henry James kam häufig zu Besuch. Seine Romane prangern, wie die von Edith Wharton, die Unmoral der amerikanischen Oberschichtgesellschaft an. Ein Salon mit hoher Decke, ein elegantes Speisezimmer, eine große Küche, sechs Schlafzimmer, ein weiteres kleines Wohnzimmer, einige altmodische Badezimmer und eine Gästesuite mit Bad gehörten ebenfalls zu der riesigen Wohnung.

Nach dem Ersten Weltkrieg schrieb Edith Wharton, daß Paris »einfach schrecklich« geworden sei – »eine Art Erdbeben aus Motoren, Bussen, Trambahnen, Lastwagen, Taxis und anderen heulenden und sausenden und zusammenstoßenden Fahrzeugen, und Hunderttausenden von amerikanischen Bürgern, die drauflos und hineinstürzen und aus irgendeiner Tür wieder herauspurzeln«. Über den Typus des neuen amerikanischen »cad« sagte sie: »Alles, was ich für amerikanisch im guten Sinn hielt, ist verschwunden, und ich sehe nur noch Prahlerei, Derbheit und völlige Ignoranz.«

Nachdem Edith Wharton 1919 in das Dorf Saint-Brice-sous-Forêt gezogen war, 20 km nördlich von Paris, zog Walter van Rensselaer Berry, ein Vetter zweiten Grades und der Ersatzvater von Harry Crosby, in die Räume dieses *hôtel particulier* aus dem 17. Jahrhundert. Der elegante Berry war in Paris geboren und aufgewachsen, hatte in Harvard studiert und war als Rechtsanwalt nach Frankreich zurückgekehrt. 1916–19 war er Präsident der American Chamber of Commerce in Paris.

Bevor Edith Newbold Jones 1885 den Bostoner Anwalt Edward Wharton heiratete, hatte sie eine kurze Sommerromanze mit Berry. Als sich das Ehepaar Wharton scheiden ließ, erwarteten viele Leute, Berry würde Edith Wharton einen Antrag machen. Doch der Junggeselle zog offenbar die Gesellschaft seiner zahlreichen Begleiterinnen vor, blieb aber Edith Whartons wichtigster Freund und literarischer Mentor.

Als Berry 1927 starb, wurde Harry Crosby Erbschaftsverwalter. Das Testament bestimmte, Berrys wertvolle Bibliothek müsse zuerst Edith Wharton gezeigt werden, damit sie auswählen könne, was sie wolle. Nach einigem Hickhack zwischen ihr und Crosby beschränkte sie sich schließlich auf wenige Bücher, der Rest kam in Crosbys großartige Bibliothek an der Rue de Lille.

Obwohl sie mit dem französischen Adel und schwerreichen Europäern verkehrte, blieb Edith Wharton in ihrem Verhalten und ihren Gewohnheiten immer eine Amerikanerin des 19. Jahrhunderts. Weihnachten bestand für sie in einer gebratenen Pute und Plumpudding als Dinner in Gesellschaft ihrer amerikanischen Freunde.

⓲ Wohnung von Edith Wharton 58, rue de Varenne

In diesem Gebäude, das Georg Vanderbilt entworfen hat und das heute wie so viele andere im Faubourg Saint-Germain der Regierung gehört, befand sich die erste Pariser Wohnung des Ehepaars Wharton, die sie im Januar 1907 bezogen. Im 7. Arrondissement wohnten damals vornehmlich Adlige. Noch heute sind die schmalen, baumgesäumten Straßen von hohen Mauern eingegrenzt, die die Grandhotels abschirmten. In vielen von ihnen sind jetzt ausländische Botschaften und französische Regierungsbehörden untergebracht.

Das Ehepaar Wharton mietete die majestätischen Räume in diesem Haus früh genug, um Edith Whartons 45. Geburtstag hier feiern zu können. Der Boden des Salons war mit einem tiefroten Aubusson bedeckt, und die hohen Räume enthielten bezaubernde alte Möbel, chinesisches Porzellan und schöne Bronzestatuen. Zusammen mit den Whartons waren sechs Dienstboten und zwei Hunde nach Paris gekommen. Der gutaussehende Edward Wharton stammte aus einer angesehenen Bostoner Familie. Das aristokratische amerikanische Ehepaar war sehr auf Formen bedacht und gab häufig große offizielle Gesellschaften, und schon bald war es auch in den großen Salons seiner Nachbarn regelmäßig zu Gast. In ihren privaten Beziehungen zu Männern, zu Walter Berry, Morton Fullerton und Henry James, zeigte Edith Wharton eine Wärme, die in der Öffentlichkeit nur selten spürbar wurde. Die »Liebste Edith«-Briefe von Henry James enthüllen die tiefe Zuneigung der beiden füreinander.

Kurz hinter dem Hôtel Matignon biegen Sie an der Ecke nach links in die Rue Vaneau ein, gehen Sie an der hohen weißen Mauer und den schwarzen Türen der syrischen Botschaft entlang und biegen nach rechts in die Rue de Chanaleilles ein. Folgen Sie dieser Straße, bis sie auf die Rue Barbet-de-Jouy stößt, und gehen Sie dann nach links, an der tunesischen Botschaft vorbei bis zur Rue de Babylone. Bie-

Von links nach rechts: Gerald und Sara Murphy, Cole Porter und Ginny Carpenter in Venedig, Sommer 1923.

gen Sie rechts ein, gehen Sie einen Häuserblock weit. Dann biegen Sie nach links in die Rue Monsieur ein.
An der Ecke Rue de Babylone/Rue Monsieur liegt ein merkwürdiger orientalischer Garten mit pyramidenförmigen Gebäuden. 1897 ließ der Gründer des Warenhauses Bon Marché Alain Morin für seine Frau, eine Schauspielerin, eine echte Pagode aus Japan nach Frankreich bringen. In ihrem Privattheater veranstaltete sie Theateraufführungen und Kostümbälle, 1931 wurde das Gebäude in ein Kino umgebaut.

⑲ Wohnung von Cole Porter 13, rue Monsieur

Hier, im Herzen des aristokratischen Faubourg, lebten 1919–39 der erfolgreiche Komponist Cole Porter und seine Frau Linda Lee. Jeder von ihnen hatte ein großes Einkommen, und so konnten sie sich eine verschwenderisch eingerichtete Wohnung leisten. In einem Zimmer standen rote Stühle mit Polstern aus rotem Ziegenleder an den Wänden, die mit Zebrafellen bespannt waren, in einem anderen Zimmer waren die Tapeten aus Platinpapier.
Die Erbin des amerikanischen Nähmaschinenkonzerns, Prinzessin Winaretta Singer de Polignac, Schwester von Isaac Singer, beauftragte Porter,

die Musik für ein Jazzballett zu komponieren. *Within the Quota* wurde 1923 im Théâtre des Champs-Elysées uraufgeführt und war ein großer Erfolg. Porter saß auch am Flügel, als 1924 George Gershwins *Rhapsody in Blue* zum erstenmal in Paris gespielt wurde. Gershwin wohnte 1926 in einem Hotel am rechten Seineufer, als er die ersten Skizzen zu *Ein Amerikaner in Paris* notierte, ein von der Atmosphäre und den Straßengeräuschen der Stadt inspiriertes Orchesterstück, das er als »rhapsodisches Ballett« bezeichnete und zwei Jahre später vollendete.

Kehren Sie zur Rue de Babylone zurück, wenden Sie sich nach links und dann nach rechts zum Boulevard des Invalides.

⑳ Wohnung von Henri Matisse
33, bd. des Invalides

In diesem ehemaligen Kloster bezog die Familie Matisse zusammen mit ihren beiden Söhnen, die bei den Großeltern aufgewachsen waren, mehrere Zimmer und ein großes Atelier. Die Miete war niedrig. Einige von Henri Matisses Bewunderern, darunter Gertrude Steins Schwägerin Sarah (Sally) Stein, ermutigten ihn, Malerei und Bildhauerei zu unterrichten. Mit Sarahs Unterstützung entstand 1907, wenn auch nur für vier Jahre, eine Malklasse, an der sie selbst begeistert teilnahm. Die Schüler und Schülerinnen kamen aus vielen Ländern und hatten recht unterschiedliche Interessen und Fähigkeiten. Unter ihnen waren zwei Maler, die sich später einen Namen machten: der Deutsche Hans Purrmann und der Amerikaner Max Weber. Wenn Matisse seinen Schülern am Samstag gegenübertrat, wetteiferten diese um die Aufmerksamkeit des »cher maître«, wie Gertrude Stein ihn nannte, und sie stritten sich oft.

Folgen Sie dem Boulevard des Invalides, den Park des Musée Rodin zu Ihrer Rechten. Hinter den hohen eisernen Zäunen stehen zwischen Bäumen und Gehwegen Auguste Rodins Skulpturen. An der Ecke zur Rue de Varenne wenden Sie sich nach rechts.

㉑ Musée Rodin
77, rue de Varenne

Das ehemalige Hôtel de Biron, 1731 erbaut, war ein prächtiger privater Wohnsitz, bevor 1908 die katholische Kirche das Gebäude samt den ausgedehnten, umliegenden Gartenanlagen erwarb, um es als Internat oder *pensionnat* einzurichten. Isadora Duncan und Auguste Rodin arbeiteten hier in privaten Räumen. Als 1910 die französische Regierung den Besitz kaufte, konnte Rodin sein Atelier behalten unter der Bedingung, daß er seine Werke dem Staat vermachte.

Auch Rainer Maria Rilke lebte hier, während er als unbezahlter Sekretär für Rodin arbeitete. Die amerikanische Bildhauerin Malvina Hoffman, 1910–14 Rodins Schülerin, arbeitete hier bis zu dessen Tod 1917 als Assistentin. Isadora Duncan beschrieb Rodin als »klein, kantig-kraftvoll, mit kurzgeschnittenem Haar und großem Bart. Er zeigte seine Arbeiten mit der Selbstverständlichkeit der Großen«.

Die beeindruckende Rodin-Sammlung, zu der auch die Statue *Der Denker* gehört, ist im Museum und im Garten zu sehen. (Beachten Sie, daß der zweite Spaziergang absichtlich kurz ist, damit Sie genügend Zeit haben für zwei so wichtige Museen wie das Musée Rodin und Musée d'Orsay, vgl. Nr. 23.)

Beim Verlassen des Museums gehen Sie nach rechts weiter und biegen in die erste Straße links ein, in die Rue de Bourgogne. Gehen Sie zwei Häuserblocks weit und wenden Sie sich dann nach rechts in die Rue Las Cases. Gehen Sie an der Basilika Sainte-Clotilde zu Ihrer Rechten und einem hübschen kleinen Park zu Ihrer Linken vorbei.

㉒ Wohnung von Archibald MacLeish 23, rue Las Cases

Der Dichter Archibald MacLeish, seine Frau und ihre beiden Kinder trafen im September 1923 in Paris ein. MacLeish hatte gerade das Angebot eines angesehenen Anwaltsbüros in Neuengland abgelehnt und war statt dessen nach Frankreich gezogen, um hier Gedichte zu schreiben. Zehn Monate lang lebte die Familie in dieser Wohnung. MacLeish arbeitete in dieser Zeit an dem Gedicht *Einstein,* das 1926 in seiner ersten wichtigen Gedichtsammlung *Streets of the Moon* veröffentlicht wurde. Er beschreibt die kleine Behausung der Familie so: »Sie hatte einen kleinen Salon, der gerade groß genug war für vier Leute, ein Eßzimmer, das nur wenig größer war als der Umfang eines gewöhnlichen Bauches, ein Schlafzimmer von annehmbarer Größe und zwei kleine, ein winziges Bad, ein zellenartiges ›Horrorkabinett‹ und die Andeutung einer Diele.«

Folgen Sie der Rue Las Cases bis zur Rue de Bellechasse. Gehen Sie dort nach links und weiter bis zur Seine und bis zur Place Henry de Montherlant gegenüber den Tuilerien.

㉓ Musée d'Orsay 1, rue de Bellechasse

Die 150 Meter lange, gewölbte Halle aus Eisen und Glas war einst die Gare d'Orsay, früher Frankreichs größter Bahnhof und Endstation für alle Züge aus dem Südwesten des Landes. Die Gare d'Orsay wurde 1900 zur Weltausstellung eröffnet, und zwar am Jahrestag der Erstürmung der Bastille. Zu dem reichverzierten Gebäude aus Kalkstein, das einer Kunsthalle glich, gehörte auch ein vornehmes Hotel.

Schon 1935 waren die Bahnsteige der Gare d'Orsay für die längeren Züge, die es inzwischen gab, zu kurz, und 1939 wurde der Bahnhof geschlossen. Das Hotel existierte noch bis 1973. Im Ballsaal dieses Hotels hielt General Charles de Gaulle am 19. Mai 1958 seine berühmte Pressekonferenz ab, in der er seine Rückkehr zur Macht erklärte. Das ehemalige Restaurant des Hotels ist heute wieder mittags und abends geöffnet. Ein Essen in dem prächtigen, reich mit Spiegeln geschmückten Raum mit den glitzernden Original-Kristallüstern ist wie eine Reise in die Vergangenheit.

Wenn Sie das Museum mit seinem acht Stockwerke hohen Mittelschiff aus Glas betreten, durch das einst zwei Eisenbahngleise führten, werden die 17 200 Quadratmeter Ausstellungsraum Sie verblüffen. Die phantastische Sammlung der Impressionisten befindet sich in einem der oberen

Stockwerke. Überhaupt beherbergt das Museum die schönsten Beispiele aus Malerei, Skulptur, Architektur und Fotografie der Jahre 1848–1914. Jeden Tag finden Führungen durch das Gebäude statt und Einführungen in die verschiedenen Sammlungen.

Dritter Spaziergang
Der Geist Odéoniens

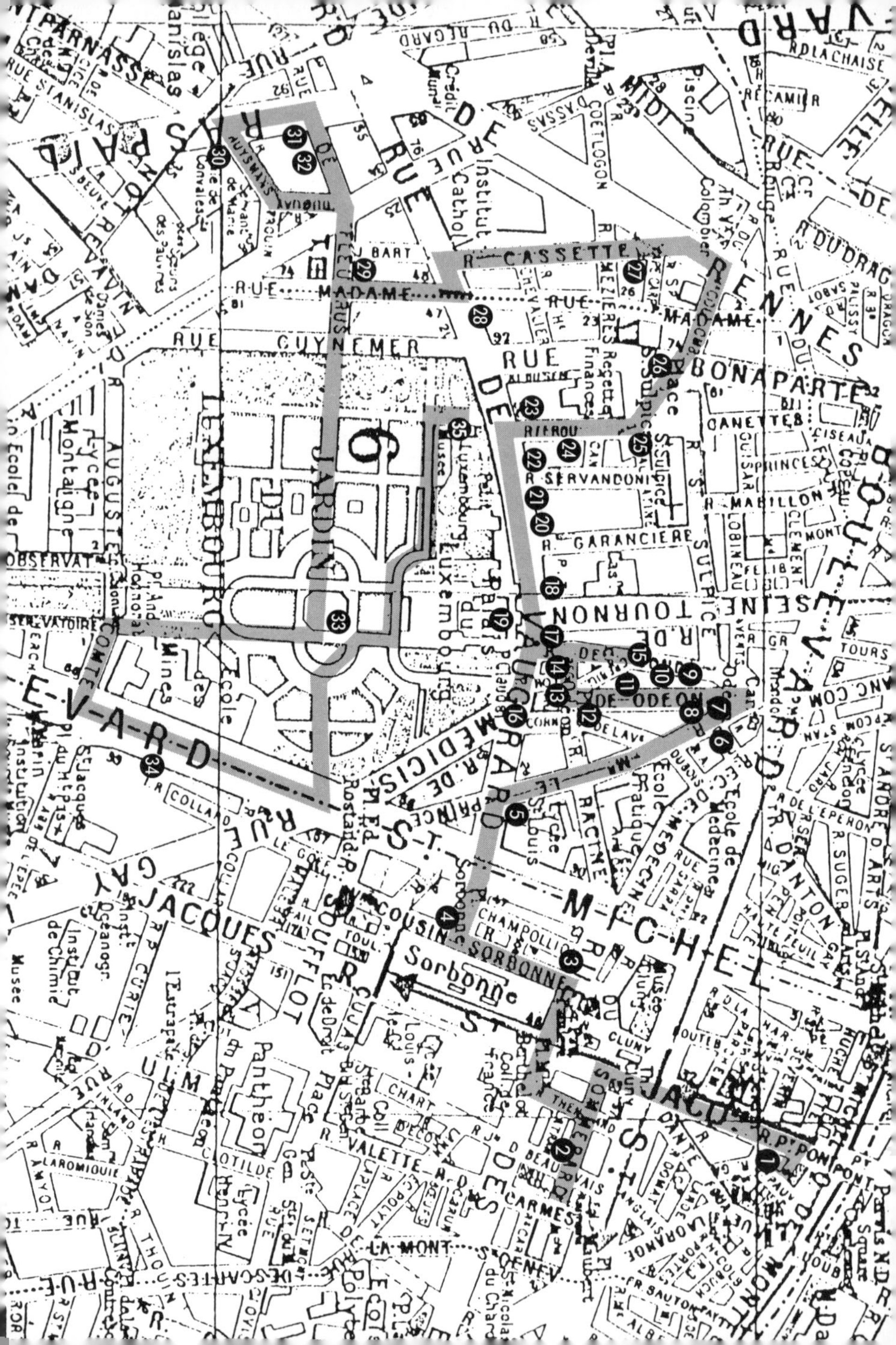
RUE CASSETTE
RUE MADAME
RUE CUYNEMER
RUE DE RENNES
RUE BONAPARTE
CANETTES
PRINCES
R. MABILLON
R. SERVANDONI
R. GARANCIERE
R. DE TOURNON
RUE DE VAUGIRARD
JARDIN DU LUXEMBOURG
6
R. FLEURUS
R. D'ASSAS
R. DE VAUGIRARD
RUE DE MÉDICIS
R. DE L'ODÉON
BOULEVARD ST. MICHEL
BOULEVARD ST. GERMAIN
RUE ST. JACQUES
RUE SOUFFLOT
RUE GAY LUSSAC
RUE CUJAS
R. CHAMPOLLION
R. DE LA SORBONNE
Sorbonne
R. DES ÉCOLES
R. VALETTE
Panthéon
RUE D'ULM
R. DESCARTES
R. DE LA MONTAGNE STE GENEVIÈVE
R. DES CARMES
R. JEAN DE BEAUVAIS
RUE DANTE
R. DU SOMMERARD
CLUNY
RUE DE L'ÉCOLE DE MÉDECINE
R. DANTON
R. DE L'ÉPERON
R. SUGER
R. RACINE
RUE MONSIEUR LE PRINCE
R. SERPENTE
R. DE LA HARPE
R. DE L'ODÉON
R. SAINT SULPICE
PLACE ST SULPICE
R. DU VIEUX COLOMBIER
R. DU CHERCHE MIDI
R. RÉCAMIER
R. DE SÈVRES
RUE NOTRE DAME DES CHAMPS
RUE STANISLAS
MONTPARNASSE
R. DE L'OBSERVATOIRE
RUE AUGUSTE COMTE
Lycée Montaigne
R. COLLARD
BOULEVARD ST MICHEL
R. P. CURIE
Institut Océanogr.
R. D'ULM
R. LAROMIGUIÈRE
R. AMYOT
R. THOUIN
R. CLOTILDE
Lycée Henri IV
R. DE L'ESTRAPADE
R. CASSINI
R. DU PONT DE LODI
R. GUÉNÉGAUD
1 2 3 4 5 6 7 8 9 10 11 12 13 14 15 16 17 18 19 20 21 22 23 24 25 26 27 28 29 30 31 32 33 34 35

Métro: Saint-Michel
Busse: 24, 27, 47, 63, 86, 87

Von der Place Saint-Michel folgen Sie der Rue de la Huchette, überqueren die Rue du Petit Pont und den Square Viviani und statten der neuen Shakespeare and Company-Buchhandlung einen Besuch ab.

❶ Shakespeare and Company 37, rue de la Bûcherie

Beginnen Sie den dritten Spaziergang bei einer Buchhandlung, die zwar Shakespeare and Company heißt, aber nichts mit der gleichnamigen von Sylvia Beach gegründeten Buchhandlung zu tun hat (vgl. S. 17 u. 154ff.). Der – oft überfüllte – Laden wurde 1964 von George Whitman eröffnet. Whitman, inzwischen französischer Staatsbürger, ist nicht mit dem Dichter des 19. Jahrhunderts, Walt Whitman – dieser hatte übrigens auch eine Buchhandlung, und zwar in Brooklyn, New York – verwandt, dennoch ist dieser für ihn ein Vorbild, wenn er sagt: »Es wird behauptet, daß es vielleicht niemanden gab, der so viele Dinge mochte und so wenige nicht mochte wie Walt Whitman, und ich strebe denselben bescheidenen Zustand zumindest an.« Für ihn soll seine Buchhandlung in unserer bedrohten Welt »ein Zufluchtsort für Schriftsteller und Bücherfreunde sein, die von dem gleichen Ideal wie Sylvia Beach erfüllt sind«.

Kehren Sie zur Ecke der Rue du Petit Pont zurück, wenden Sie sich nach links, gehen Sie mehrere Häuserblocks weiter – die Straße heißt inzwischen Rue Saint-Jacques – und überqueren Sie den Boulevard Saint-Germain. An der nächsten Ecke biegen Sie nach links in die Rue du Sommerard ein.

❷ Hôtel Marignan 13, rue du Sommerard

Zu Beginn des Ersten Weltkrieges schlossen sich viele junge Amerikaner, zukünftige Schriftsteller, Intellektuelle und Collegestudenten, als Ambulanzfahrer freiwillig den französischen Truppen an. In einem Brief, den der Dichter e. e. cummings an einen Freund nach Hause schrieb, beklagte er sich über die eiserne Disziplin im Norton-Harjes Ambulance Corps. Die französische Zensur fing den Brief ab, und cummings wurde des Hochverrats beschuldigt. Als er von den brutalen Vernehmungsbeamten gefragt wurde: »*Est-ce-que vous détestez les boches?* Hassen Sie die Deutschen?«, entgegnete cummings: »*Non. J'aime beaucoup les français.* Nein, ich liebe die Franzosen.« (Vgl. *Der ungeheure Raum,* S. 34) Daraufhin wurde er für sechs Monate in ein französisches Militärgefängnis gesperrt, bis seine Familie seine Freilassung bewirkte und er nach Boston zurückkehren konnte.
Zurück in den Staaten und wieder der Sohn eines unitarischen Pastors in Neuengland, schrieb er seinem Freund John Dos Passos, den er von Harvard her kannte, daß er zu Hause keine Ruhe mehr fände und sich nach Paris zurücksehne. 1921 kehrte er dann endlich dorthin zurück und ging direkt in dieses kleine Hotel, das in einem von Studenten der Sorbonne bewohnten Viertel liegt. Cummings

George Whitman mit einer Besucherin vor seiner Buchhandlung.

malte, schrieb Gedichte und Theaterstücke und vollendete hier auch seinen ersten Roman *Der ungeheure Raum* (*The Enormous Room*, 1922), in dem er seine Erfahrungen in den französischen Gefängnissen beschreibt.
Gehen Sie die Rue du Sommerard zurück bis zur Rue Théhard, in die Sie links einbiegen, gehen Sie bis zur Rue des Ecoles, in die Sie nach rechts hineingehen. Die Sorbonne liegt zu Ihrer Linken. Gehen Sie zwei Häuserblocks weit bis zu einem Schild mit einem überschäumenden Bierkrug.

❸ Brasserie Balzar
49, rue des Ecoles

Unter den 100 französischen Brasserien hielt der amerikanische Schriftsteller und Journalist William L. Shirer in den Zwanziger Jahren die Brasserie Balzar für das Lokal, in dem man am besten aß in ganz Paris. James Thurber und Elliot Paul, Kollegen von der *Tribune*, leisteten ihm dort oft Gesellschaft.
Wenn Sie das Balzar verlassen, wenden Sie sich nach rechts und folgen der Rue de la Sorbonne. Sie kommen an mehreren kleinen Buchhandlungen vorbei und gelangen so zur Place de la Sorbonne, einem hübschen kleinen Platz mit Linden und Bänken.

❹ Hôtel Sélect
1, place de la Sorbonne

Im März und April 1918 wohnte die neuseeländische Schriftstellerin Katherine Mansfield in diesem Hotel. Zimmer und Verpflegung kosteten damals zehn Francs pro Tag. Unheilbar an Tuberkulose erkrankt, suchte sie

Katherine Mansfield, September 1919.

später verzweifelt nach einer Möglichkeit der Heilung, geriet schließlich unter den Einfluß von zwei russischen Gurus, die ihr eine Wunderheilung versprachen, und schloß sich einer Kommune in Fontainebleau an, wo sie im Januar 1923 starb. Ihre Erzählbände *Seligkeit* (*Bliss and Other Stories*, 1920) und *Das Gartenfest* (*The Garden Party and Other Stories*, 1922) fanden erst nach dem Tod von Katherine Mansfield eine große Leserschaft.
Noch 20 Jahre später, 1937, bezahlte der 25jährige Journalist Eric Sevareid denselben Preis für ein Zimmer im Hôtel Sélect. Er schrieb damals für die *Paris Tribune*. Als 1938 die Gefahr eines Krieges ganz Europa bedrohte, fragte er Gertrude Stein in einem ihrer seltenen Interviews, ob sie es für möglich halte, daß Hitler seine Drohungen ernst meine. »Hitler wird nie einen Krieg anfangen«, sagte sie. »Er ist

nicht die größte Gefahr ... Nein, Mussolini – das ist der gefährliche Mann.«
1939 gab Sevareid seine Stellung als Auslandskorrespondent in Paris auf und ging nach London zum BBC, wo seine Rundfunksendungen ihn zu einem der bekanntesten Kommentatoren des Zweiten Weltkriegs machten.
Verlassen Sie die Place de la Sorbonne am Boulevard Saint-Michel und überqueren Sie ihn genau in Höhe der Rue de Vaugirard. Gehen Sie dann etwa eineinhalb Häuserblocks weiter.

❺ Das frühere Hôtel de Lisbonne 4, rue de Vaugirard

Weil das Hotel in unmittelbarer Nähe des Balzar lag, war es bei den Mitarbeitern der *Paris Tribune* besonders beliebt. Auch William L. Shirer wohnte im September 1925 hier. Sein Zimmer war mit einem Schreibtisch, einer Kommode, einem Bücherregal und einem bequemen Doppelbett ausgestattet. Da es kein Badezimmer gab, diente das Bidet als Badewanne, und unter einem großen Spiegel stand ein Waschbecken. Die vom Boden bis zur Decke reichenden Balkontüren sorgten für gutes Licht.
Edgar (Ned) Calmer, ein Journalist und Freund von Hemingway, wohnte ebenfalls hier. Er lebte 1927–34 in Paris und schrieb sowohl für die Pariser als auch für die New Yorker *Tribune*. In seinem Roman *All the Summer Days* (1961) beschreibt er das Leben in diesem Hotel.
Als Hemingway 1933 erfuhr, daß Calmers zweijährige Tochter nicht katholisch getauft worden war, bestand er darauf, es sofort nachzuholen. Die Zeremonie fand tatsächlich kurz darauf statt, und Hemingway, der von sich behauptete, er sei auf einem italienischen Schlachtfeld getauft worden, war Taufpate. Ein Jahr später schlug Hemingway Calmer für ein Guggenheim-Stipendium vor, der Antrag wurde jedoch abgelehnt. Wie Hemingway einmal zugab, hatte offenbar keiner seiner Vorschläge je Erfolg gehabt.
Gehen Sie die Rue de Vaugirard zurück bis zur Ecke, wenden Sie sich nach links in die Rue Monsieur-le-Prince und nach drei Häuserblocks nach rechts in die Rue Dupuytren.

❻ Ursprünglicher Standort von Shakespeare and Company 8, rue Dupuytren

In der Mitte des Häuserblocks auf der linken Straßenseite finden Sie den ursprünglichen Standort von Shakespeare and Company. Hier eröffnete die Tochter eines presbyterianischen Pfarrers in Princeton, New Jersey, Sylvia Beach, am 17. November 1919 ihre Buchhandlung.
Während ihres Studiums der französischen Literatur an der Sorbonne hatte sie sich mit Adrienne Monnier angefreundet, der Besitzerin der Maison des Amis des Livres, einer französischen Buchhandlung, Leihbücherei und einem Zentrum der Dichtung, eine Freundschaft, die ein Leben lang dauerte. Adrienne Monnier war es, die für die amerikanisch-englische Buchhandlung ihrer Freundin um die Ecke (vgl. S. 80ff.) eine ehemalige

Sylvia Beach und Stephen Vincent Benét vor der Buchhandlung, 8, rue Dupuytren, 1921.

Wäscherei entdeckte. In ihrem Buch *Shakespeare and Company* (1956) beschreibt Sylvia Beach den Tag, als Adrienne Monnier ihr die Räume zeigte: »So beschäftigt sie mit ihrer Bücherei, ihren Veröffentlichungen und ihrer eigenen Schriftstellerei war, sie fand doch irgendwie noch Zeit, mir bei meinen Vorbereitungen zu helfen. Wir eilten in die Rue Dupuytren und

James Joyce und Sylvia Beach im Eingang von Shakespeare and Company, 1920.

stießen bei Nr. 8 – es gab nur ungefähr zehn Nummern in dieser buckligen kleinen Straße – auf einen geschlossenen Laden mit dem Schild *Boutique à louer.* ›Hier war früher eine Wäscherei‹, meinte Adrienne und wies auf die Worte *gros* und *fin* zu beiden Seiten der Tür, die besagten, daß sowohl grobe wie feine Wäsche übernommen wurde. Die ziemlich beleibte Adrienne stellte sich unter *gros* und schickte mich hinüber unter das Wort *fin.* ›Das sind wir beide, du und ich‹, sagte sie.« (S. 22)

Die ersten Kunden waren Franzosen aus Adrienne Monniers Buchhandlung. Studenten und Professoren der nahe gelegenen Sorbonne liehen Bücher aus. Die französischen Schriftsteller Léon-Paul Fargue, Valery Larbaud, André Gide und Jules Romains besuchten den Laden in den ersten Tagen und blieben ihm 22 Jahre treu. Eine der regelmäßigsten Kundinnen war die junge Philosophiestudentin und Lehrerin Simone de Beauvoir, die 1935 in den Kreis kam und sich viele amerikanische Titel auslieh. Sie und ihre Freunde, Jean-Paul Sartre und André Malraux, verhalfen Autoren wie William Faulkner und John Dos Passos in Europa zu großer Beachtung, noch bevor sie in Amerika bekannt wurden.

Gertrude Steins Behauptung, sie habe als erste ein Jahresabonnement in der Leihbücherei gehabt, trifft jedoch nicht zu. Als die Stein Abonnentin wurde, gab es bereits 90 Abonnenten, und mehrere von ihnen waren Jahresabonnenten. Als Sylvia Beach im März 1922 James Joyces *Ulysses* veröffentlichte, erneuerte die Stein ihr Abonnement nicht mehr. Für sie war Joyce ein Rivale bei ihrer Suche nach neuen Wegen in der Literatur, und sie weigerte sich zuzugeben, daß er ihr ebenbürtig sei. Sie warf Sylvia Beach Illoyalität vor, daß sie Joyce und seinen *Ulysses* fördere, und lieh fortan ihre Bücher in der American Library aus. Sylvia Beach erklärt dazu: »Gertrudes Eintragung in die Leihbücherei war nur eine freundliche Geste. Sie interessierte sich im Grunde natürlich nur für ihre eigenen Bücher.« (*Shakespeare and Company,* S. 36) Gertrude Steins Bruder Leo dagegen war ein eifriger Benutzer der Leihbücherei.

Gehen Sie zurück zur Rue Monsieur-le-Prince, in die Sie nach rechts einbiegen. Auf der gegenüberliegenden Straßenseite sehen Sie erstaunlich große, geschnitzte Holztüren. Wenden Sie sich nach rechts und gehen Sie weiter bis zum Carrefour de l'Odéon.

❼ Die früheren Büroräume des »Gargoyle« 15, carrefour de l'Odéon

In einem kleinen Gebäude am Ende der Rue de l'Odéon wurde 1921–22 von Arthur Moss und Florence Gilliam *Gargoyle* herausgegeben, das erste englischsprachige Magazin in Europa. Gilliam und Moss schrieben darin über das, was Tag für Tag in Paris lief, und über das Leben in Europa im allgemeinen. Für Henry James war »Odéonien« – so nannte Adrienne diese Gegend – »der große literarische Workshop von Paris«, und Archibald MacLeish schreibt dazu: »Wenn man vom Saint-Germain an den Gärten des Boulevard Saint-Michel vorbeiging, hatte man ›Shake-

Florence Gilliam, Paris 1940.

speare and Company‹ steuerbords und backbords Adrienne Monniers ›Amis des Livres‹. Und wenn man dann mit dem Strom Richtung Theater ging, fühlte man sich, als ob man durch das Tor der Träume geschritten wäre... Und wenn die Kälte vom Fluß hinaufzog, war das einem verwirrten jungen Anwalt in einer großen, lebendigen Zeit Grund genug, von der einen Straßenseite auf die andere zu blicken und sich zu denken, daß Gide am Donnerstag hier und Joyce am Montag dort gewesen war.« (Zit. nach Fitch, *Sylvia Beach*, S. 88)
Halten Sie sich links und gehen Sie in die Rue de l'Odéon.

❽ Früher: La Maison des Amis des Livres 7, rue de l'Odéon

Neben dem Eingang der ehemaligen Buchhandlung hängt ein schmiedeeisernes Schild, das Joyce und Adrienne Monnier nebeneinander hergehend zeigt und dessen Inschrift *La Pensée Sauvage* (Das wilde Denken) – nach dem Titel eines Buchs von Claude Lévi-Strauss – heute schwarz übermalt ist und nur mit Mühe entziffert werden kann. Das Schild wurde nach einem Foto hergestellt, das fast genau an dieser Stelle entstand, aufgenommen von der Soziologin und Fotografin Gisèle Freund. Gisèle Freund, die seit 1935 mit Adrienne Monnier und Sylvia Beach befreundet war, fotografierte auch die damals noch unbekannten Freunde der beiden Frauen – Leute, die später als Schriftsteller oder Maler berühmt wurden.

Adrienne Monnier im Hinterzimmer ihrer Buchhandlung, um 1917.

Adrienne Monnier vor ihrer Buchhandlung, 1936. Foto von Gisèle Freund.

Adrienne Monnier eröffnete ihre Buchhandlung 1915, die sehr bald zu einem Treffpunkt der besten französischen Schriftsteller wurde. Später gestand sie Gisèle Freund, daß sie eigentlich Buchhändlerin geworden sei, um alle die Bücher zu lesen, die sie sich sonst nicht hätte leisten können. Zwischen den bis an die Decke reichenden Bücherregalen fanden Lesungen von André Gide, Paul Valéry, André Breton und Valery Larbaud statt. In ihrem Laden vertrieb Adrienne Monnier auch die literarische Zeitschrift *La Gazette des Amis des Livres* und später deren Nachfolgerin *Le Navire d'Argent*.

Als Sylvia Beach 1917 den Laden zum erstenmal betrat, wurde sie von Adrienne Monnier, einer rundlichen, 26jährigen Französin, herzlich begrüßt. Sylvia Beach beschreibt Adrienne Monnier so: »Am auffallendsten waren ihre Augen; sie waren blaugrau, traten leicht hervor und erinnerten mich an die Augen von William Blake. Sie sah ungemein lebendig aus. Ihre Kleidung, deren Stil genau zu ihr paßte, beschrieb jemand einmal als eine Kreuzung zwischen dem Gewand einer Nonne und einer Bäuerin: ein langer, weiter Rock, der bis zu den Füßen reichte, und eine Art enganliegende Samtweste über einer

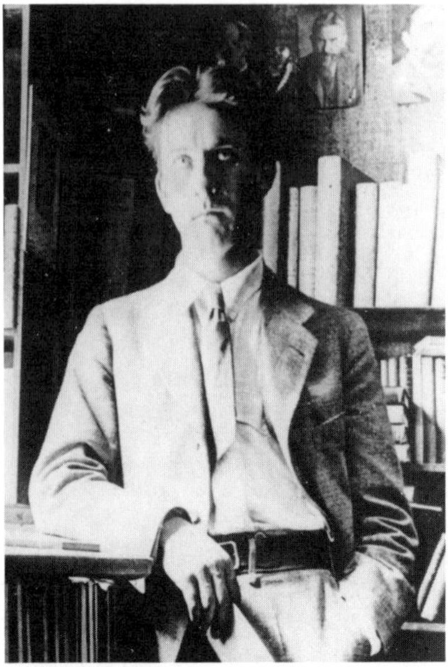

Robert McAlmon bei Shakespeare and Company, 1923.

weißen Seidenbluse. Das Grau und Weiß ihres Buchladens wiederholte sich in ihrer Kleidung. Ihre Stimme klang ziemlich laut – Adrienne stammte von Bergbewohnern ab, die wahrscheinlich gewöhnt waren, sich von Gipfel zu Gipfel zu begrüßen.« (*Shakespeare and Company*, S. 19)
Bis zum Selbstmord von Adrienne Monnier im Jahr 1955 verbrachten die beiden Buchhändlerinnen ihr Leben an der Rue de l'Odéon, gegenseitig verbunden durch ihre Liebe zur Literatur und ihr Engagement für junge Schriftsteller, für Franzosen, Engländer und Amerikaner. Sie schufen das, was Joyce »Stratford-on-Odéon« nannte.

9 Wohnung von Robert McAlmon 8, rue de l'Odéon

1922–26 war dies der erste Sitz von Robert McAlmons *Contact Editions.* Robert McAlmon redigierte die Manuskripte in seiner Wohnung, und William Bird druckte sie in bibliophilen Ausgaben auf einer Handpresse aus dem 17. Jahrhundert. Zu den auf 300 Exemplare limitierten Editionen, die, wie McAlmon in der *Transatlantic Review* ankündigte, »aus kommerziellen wie aus gesetzlichen Gründen kaum von anderen Verlegern herausgebracht werden dürften«, gehörten William Carlos Williams *Frühling und alles* (*Spring and All,* 1923), Ernest Hemingways erstes Buch *Three Stories and Ten Poems* (1923) und Gertrude Steins Mammutwerk *The Making of Americans* (1925).
Die Freundschaft zwischen McAlmon und Gertrude Stein endete 1925, als McAlmon behauptete, Gertrude Stein habe sich in den Vertrieb ihres Buches eingemischt. Verärgert nannte er sie »eine stotternde, sich ewig wiederholende und irgendwo unartikulierte Person«.
Obwohl McAlmon selbst schrieb und veröffentlichte, lag sein Einfluß auf die moderne Literatur in seiner Arbeit als Verleger. Er war ein starker Trinker, und seine häufigen Besuche in den Pariser Bars und Cafés nahmen einen großen Teil seiner Zeit in Anspruch.

⑩ Die ehemalige Buchhandlung Shakespeare and Company 12, rue de l'Odéon

Im Sommer 1921 zog Sylvia Beach mit ihrer Buchhandlung hierher um. Shakespeare and Company lag nun gegenüber von Adrienne Monniers Buchhandlung. Die frühere, holzverkleidete Fassade ist inzwischen abgerissen worden. Stellen Sie sich vor, daß sie ähnlich wie die heutige Nr. 10, rue de l'Odéon aussah.

Die englische Schriftstellerin Bryher Ellerman, damals Ehefrau von Robert McAlmon, schrieb: »In Paris gab es nur eine Straße für mich, die Rue de l'Odéon. Ich hielt sie für eine der schönsten Straßen der Welt, denn dort konnte man Sylvia und Adrienne treffen, und in ihren Buchläden verbrachte ich viele glückliche Stunden. Gab es jemals einen Buchladen wie Shakespeare and Company? Er war eine Besonderheit wegen der überladenen Regale, der Shakespearebüste, den vielen persönlichen Fotografien von Freunden, aber vor allem wegen Sylvia – wie ein Passagier, der gerade von der Mayflower gestiegen war und

Sylvia Beach (Mitte) und Adrienne Monnier (links) vor der Buchhandlung Shakespeare and Company, 12, rue de l'Odéon, 1938. Foto von Gisèle Freund.

Sylvia Beach in ihrer Buchhandlung, 1936, fotografiert von Gisèle Freund.

der über genaue Französischkenntnisse verfügte, wartete sie auf uns, um uns zu helfen und zu führen... Sie war die perfekte Botschafterin, und ich frage mich, ob es jemals einen anderen Menschen gab, der mehr Kenntnisse über Amerikaner im Ausland verbreitet hat.« (Zit. nach Fitch, *Sylvia Beach*, S. 79f.)
Auf der linken Seite der Buchhandlung gab es einen Schuhmacher, einen Korsetthersteller und einen Antiquar, auf der rechten Seite einen orthopädischen Schuhmacher, einen Musikladen und einen Nasensprayhersteller. Sylvia Beach hatte in ihrem Laden jetzt mehr Platz und im oberen Stockwerk zusätzlich zwei kleine Zimmer. Ein großer Ofen vor dem Kamin wärmte Besucher und Leser. Der Platz über dem Kaminsims war bedeckt mit Fotos zeitgenössischer Schriftsteller. Amerikaner, die in Paris lebten, benutzten den Laden als eine Art Postfach am linken Seineufer und ließen sich ihre Post dorthin schicken, wo sie sich auf dem Kaminsims stapelte. Von einem großen Schreibtisch aus begrüßte Sylvia Beach strahlend ihre Besucher und ließ sich den neuesten Klatsch aus der Literaturszene erzählen.
Das einzige größere verlegerische Risiko, James Joyces Roman *Ulysses* drucken zu lassen, brachte das Unternehmen 1922 an den Rand des Bankrotts. Zuvor hatten amerikanische Verleger das Buch wegen der allzu freizügigen Sprache abgelehnt, und das United States Post Office erließ ein Einfuhrverbot mit der Begründung, das Buch enthalte Obszönitäten. Sylvia Beach gab nicht nur ihre privaten Mittel aus, um die Veröffentlichung zu finanzieren, sondern sie »lieh« Joyce auch häufig Geld für den Unterhalt seiner Familie. Als Joyce die amerikanischen Rechte an den Verlag Random House in New York verkaufte, entschädigte er Sylvia Beach weder für ihre Ausgaben und Anleihen noch für die Jahre bedingungsloser Unterstützung. Das Buch trug jedoch dazu bei, Sylvia Beach und ihre Buchhandlung international berühmt zu machen.

Sylvia Beach und Adrienne Monnier, Shakespeare and Company, 1935.

In den dreißiger Jahren gründete André Gide die Gesellschaft der »Freunde von Shakespeare and Company«, um dem Laden über seine finanziellen Schwierigkeiten hinwegzuhelfen. Zu dem Komitee gehörten die alten Freunde Ernest Hemingway und T. S. Eliot sowie Paul Valéry und Jules Romains. Letzterer steuerte nicht nur Geld bei, sondern veranstaltete auch

Lesungen, deren Erlös Shakespeare and Company zugute kam.
Die Besetzung Frankreichs durch die Deutschen im Jahr 1940 und der nachfolgende Eintritt Amerikas in den Krieg machten Sylvia Beach zu einer feindlichen Ausländerin. Nach der Androhung eines Nazi-Offiziers, die gesamten Bestände beschlagnahmen zu lassen, schloß sie 1941 den Laden, transportierte die Bücher in ein Zimmer im dritten Stock, das ihr die Hausmeisterin überließ, und ließ den Namen Shakespeare and Company an der Hausfront übermalen. Zur Beschlagnahmung kam es nicht. Sylvia Beach wurde jedoch verhaftet und für sechs Monate in ein Internierungsla-

Sylvia Beach und Ernest Hemingway vor Shakespeare and Company, März 1928.

Ezra Pound am Fenster von Shakespeare and Company, um 1920.

ger gebracht. Nach Kriegsende stiftete sie die Leihbücherei der American Library und zog in die größeren Räume im vierten Stock. Der Laden war an einen Antiquitätenhändler vermietet worden, und mit 58 Jahren fühlte Sylvia Beach sich zu alt und zu müde, um noch einmal an einem anderen Ort anzufangen.

Während der Zwanziger Jahre lebten der amerikanische Komponist George Antheil und seine ungarische Frau in den beiden kleinen Zimmern im Stockwerk über Shakespeare and Company. Mit Sylvia Beachs Hilfe entstand bei Antheil ein erstklassiger Salon für Literatur und Musik. Jeden Nachmittag ab halb fünf gab es Tee und Musik. Antheil schrieb über Sylvia Beach: »Die ehemalige amerikanische Ambulanzfahrerin und Verlegerin von James Joyces *Ulysses* als Vermieterin zu haben, war so attraktiv, daß ich sofort zusagte.« Tatsächlich war Sylvia Beach nicht nur Ambulanzfahrerin gewesen, was Frauen an sich nicht gestattet war, sondern sie hatte während des Ersten Weltkriegs auch freiwillig auf einem Bauernhof gearbeitet, um den Franzosen zu helfen.

Zu Antheils Förderern gehörten Ezra Pound und Mrs. Virginia Gross, die Frau des First Secretary der amerikanischen Botschaft, die er durch Virgil Thomson kennengelernt hatte. Die wohlhabende Mrs. Gross, die aus der kalifornischen Bankierfamilie Crokker stammte, erklärte sich bereit, im Sommer 1925 in ihrer luxuriösen Wohnung am rechten Seineufer in der Nähe des Eiffelturms fünf Konzerte zu sponsern, in denen die Werke von Antheil und Thomson aufgeführt werden sollten. Eines davon war auch Antheils umstrittene Musik für Fernand Légers *Ballet Mécanique* (vgl. S. 39). Acht Flügel standen in dem großen Wohnzimmer, Xylophone und Schlaginstrumente waren auf das angrenzende Zimmer und das Treppenhaus verteilt. Der Salon war mit Instrumenten so vollgestellt, daß die prominenten Gäste zwischen den Musikern stehen mußten und regelrecht von den Flügeln eingeklemmt waren. Nachdem sie die lauten, ungewohnten Klänge der ausgefallenen Schlaginstrumente überstanden hatten, stürzten sich alle auf den Champagner und fühlten sich ihrerseits zu akrobatischen Übungen veranlaßt. So war das letzte, was Antheil und Thomson von ihrer exquisiten Gastgeberin sahen, »daß sie von zwei Prinzessinnen, einer Herzogin und drei italienischen Mar-

1. März 1941: Lesung von Paul Valéry in Adrienne Monniers Wohnung.

chesas in einer Decke in die Luft geschleudert und wieder aufgefangen wurde«.

In *Antheil and the Theory of Harmony* (1924) zeigt Pound, daß Antheil als erster Komponist Maschinen benutzte. »Maschinen sind musikalisch«, heißt es: »Musik ist die Kunst, die am besten geeignet ist, die besondere Qualität von Maschinen zum Ausdruck zu bringen.«

⓫ Wohnung von Adrienne Monnier 18, rue de l'Odéon

Adrienne Monnier lebte bis zu ihrem Tod 1955 in einer hübschen Wohnung im obersten Stock dieses Hauses. 1921–37 wohnte auch Sylvia Beach hier. Im Wohnzimmer, in dem alle Wände mit Büchern vollgestellt waren, fanden Dichterlesungen statt, und Paul Valéry, André Breton und Léon-Paul Fargue lasen mehrfach aus ihren Werken vor. Anschließend wurden Kuchen, Sandwiches und Portwein gereicht.

Als im Juli 1944 Paris von den Amerikanern befreit wurde, war auch Ernest Hemingway, barhäuptig und in Hemdsärmeln, als Kriegskorrespondent unter ihnen. In der Rue de l'Odéon soll er »Sylvia, Sylvia« geschrien haben, und Sylvia Beach sprang die Treppen vom fünften Stock herunter und warf sich in seine Arme. Zusammen tranken sie Adrienne Monniers Wein, und dann nahm Hemingway ihr vorletztes Stück Seife, um sein Hemd im Waschbecken seines Zimmers im Ritz zu waschen.

Gehen Sie weiter zur Place de l'Odéon.

⓬ Das frühere Café Voltaire 21, place de l'Odéon

An der Ecke, wo heute der Council on International Educational Exchange (CIEE), ein franko-amerikanisches Institut für amerikanische Studenten, untergebracht ist, war einst das Café Voltaire, dessen Blütezeit das ausgehende Viktorianische Zeitalter gewesen war. Während der Belle Epoque waren hier Paul Gauguin, Auguste Rodin und James McNeil Whistler häufig zu Gast. André Gide, der, als er 80jährig, 1949, gefragt wurde, was er in seinem Leben am meisten genossen habe, erwiderte: »Tausendundeine Nacht, die Bibel, die Fleischeslust und das Reich Gottes«, war mit vielen der Bewohner dieser Gegend befreundet. Sie alle trafen sich im ersten Viertel des 20. Jahrhunderts im Voltaire.

Stellen Sie sich auf die gegenüberliegende Seite der Rue de l'Odéon und achten Sie auf eine Tafel, die noch immer zwischen dem vierten und dem fünften Fenster von der Ecke aus zu sehen ist. Direkt gegenüber auf der anderen Seite des Platzes steht ein eindrucksvolles Bauwerk mit acht Säulen. Die alten Buchstaben »Théâtre de l'Europe« sind bei näherem Hinsehen noch zu erkennen.

⓭ Théâtre National de l'Odéon Place de l'Odéon

Das Théâtre Français wurde 1782 eröffnet. Mit seinen fast 2000 Plätzen war es damals das grandioseste Theater in ganz Paris. Bis 1819 beherbergte es die Comédie Française, später wurde es zum Théâtre de l'Europe. 1959 erhielt es den heutigen Namen. Nach Paul Valéry war das Odéon »eines der hübschesten und am besten gelegenen Theater in Europa und seine Umgebung geweihter Boden für alle, die die ›Heilige Sprache‹, ob geschrieben oder gesprochen, als eine der größten menschlichen Errungenschaften preisen«.

Dort, wo die Rue Regnard in den Platz mündet, befindet sich Ihr nächstes Ziel.

⓮ Das frühere Hôtel de la Place de l'Odéon 6, place de l'Odéon

Sisley Huddleston beschrieb das kleine Hotel im Schatten des Odéon, in dem Sherwood Anderson 1921 bei seinem ersten Besuch in Paris wohnte, so: »Kaum hatte man sein Hotel verlassen, stieg man schon die Treppen zu den Arkaden des Nationaltheaters hinauf oder stöberte in den Bücherläden herum, die mit ihren Auslagen entlang der rechteckigen Wandelhalle lockten ... Sie konnten die amerikanische Szenerie nicht aus seinem Bewußtsein vertreiben.«

Anderson kam damals zur Verleihung eines Preises in Höhe von 2000 Dollar nach Paris, den ihm *Dial* für seinen Beitrag zur Entwicklung der modernen amerikanischen Kurzgeschichte verliehen hatte. Während er hier wohnte, besuchte Anderson häufig die nahe gelegene Buchhandlung Shakespeare and Company. Auf seinen Wunsch hin schrieb Sylvia Beach an Gertrude Stein, ob sie Anderson empfangen würde. Aus der Begegnung der beiden entstand eine lebenslange Freundschaft und ein langjähriger Briefwechsel. Anderson wiederum führte Ernest Hemingway bei Gertrude Stein ein. 1921, mit 44 Jahren, hatte sich der einst erfolgreiche Werbetexter Anderson nun endlich als Schriftsteller einen Namen gemacht. In einem Brief gratulierte Gertrude Stein dem Autor von *Winesburg, Ohio* und *Der arme Weiße* (*Poor White*, 1920): »Sie schreiben manchmal, was das Wichtigste überhaupt beim Schreiben ist: leidenschaftliche und unschuldige Sätze.«

Der Schriftsteller Allen Tate und seine Frau Caroline Gordon wohnten 1929 in demselben Hotel, und Sylvia Beach stellte die beiden Ernest Hemingway vor. Tate schrieb später in *Memoirs and Opinions, 1926–1974* (1975): »Ernest Hemingway war ein gutaussehender Mann, und selbst seine Boshaftigkeit hatte einen gewissen Charme. Ich konnte damals noch nicht wissen, daß er ein absoluter Mistkerl war und über bestimmte Freunde schreiben würde – alle wehrlos, weil sie tot waren.«

Gehen Sie einen Block weiter, biegen Sie nach rechts in die Rue de Condé ein und überqueren Sie die Straße.

⓯ Sitz des »Mercure de France« 26, rue de Condé

Beachten Sie das Metallschild neben der Tür: Hier ist noch heute der Sitz des Verlags *Mercure de France*, der einst führenden französischen Literaturzeitschrift, die bis 1966 erschien. An jedem Dienstag fand bei *Mercure* der traditionelle Herausgeberempfang statt, an dem namhafte Männer und Frauen aus Kunst und Literatur teilnahmen. Es war eine Idee von Madame Rochilde, der Frau des Gründers Alfred Vallette. In seinem Roman *Die Falschmünzer* (*Les Faux-Monnayeurs*, 1925) beschreibt André Gide eine Szene bei einem solchen Festessen: Alfred Jarry steht auf einem Stuhl und schießt mit Platzpatronen auf einen anderen Dichter. Die Szene fand tatsächlich bei *Mercure* statt, wo Jarry mit einer Platzpatrone auf Christian Beck schoß, einen gemeinsamen Freund von Jarry und Gide. 1963 veröffentlichte der *Mercure* eine Gedenkschrift für Sylvia Beach mit Erinnerungen vieler ihrer Freunde.

Gehen Sie die Rue de Condé zurück bis zum Ende und wenden Sie sich nach links in die Rue de Vaugirard, der Sie bis zur Place Paul Claudel folgen.

⓰ Place Paul Claudel

Der Diplomat, Dichter und Bühnenautor Paul Claudel war ein enger Freund von Adrienne Monnier, auch wenn er weit entfernt vom Odéon-Viertel lebte. Claudel war während der Zwanziger Jahre französischer Botschafter in Japan und 1927–33 französischer Botschafter in den Vereinigten Staaten. In einem Brief an Adrienne Monnier aus Dänemark bekannte er bereits 1919 seine tiefe Verbundenheit mit dem Literatenkreis von Odéonien: »Ich denke oft an unsere Gespräche in der Rue de l'Odéon ... Ihre Ernsthaftigkeit und Ihre Begeisterungsfähigkeit tun mir gut. Ich mag fröhliche, phantasievolle und unterhaltsame Naturen wie die Ihre ... Adieu, liebe Adrienne, denken Sie an mich, erzählen Sie mir die Neuigkeiten aus Paris und über alle unsere Freunde und Bekannten ...« (Vgl. *The Very Rich Hours of A. M.*, S. 23)

Zwei Veranstaltungen widmete Adrienne Monnier Claudels Gedichten und der Aufführung seiner Stücke. Über die Bücher von James Joyce gingen Claudels und Adrienne Monniers Meinungen auseinander. Nach dem Erscheinen des *Ulysses* in französischer Übersetzung schrieb Claudel an sie: »*Ulysses* wie auch das Porträt sind voll der ekelhaftesten Blasphemien, aus denen man den ganzen Haß eines Renegaten herausspürt – der zudem mit einer wahrhaft diabolischen Abwesenheit von Talent geschlagen ist.« (*Ebd.*, S. 135)

Gehen Sie auf der Rue de Vaugirard zurück, überqueren Sie die Rue de Condé. Nach zwei Häuserblocks erreichen Sie das nächste Ziel, den Square Francis Poulenc.

⑰ Das frühere Restaurant Foyot Rue de Vaugirard und Rue de Tournon

Bevor 1933 das damalige Gebäude Nr. 33, rue de Tournon abgerissen wurde, befand sich hier das Hôtel und Restaurant Foyot. Booth Tarkington aß oft in dem beliebten alten Lokal, das seit 1848 existierte. Der Oberkellner diente als Vorbild für die Figur des Amédée in seinem Roman *The Guests of Quesnay* (1908), in dem das Restaurant allerdings »Trois Pigeons« heißt.

⑱ Wohnung von Booth Tarkington 20, rue de Tournon

1905–08 lebte Booth Tarkington im sechsten Stock eines gegenüberliegenden siebenstöckigen Gebäudes neben dem Postamt. Man kann sich vorstellen, welch großartigen Rundblick über die ganze Stadt er von seinen Fenstern und dem Balkon gehabt haben muß. Er verließ Paris, nachdem er *The Guests of Quesnay* beendet hatte, und schrieb später an einen Freund: »O ja! Die Rue de Tournon! Ich geistere immer noch in jener Gegend herum, wenn ich in Gedanken in Paris bin, aber ich habe sie 1911 zum letztenmal gesehen, und da bin ich zu der Straßenecke gegangen und habe zu dem steinernen Balkon hinaufgeschaut, der damals zu meiner Wohnung gehörte, und habe mich gefragt, wer wohl jetzt dort wohne.«

⑲ Palais du Luxembourg 15, rue de Vaugirard

Gegenüber, auf der anderen Seite der Rue de Vaugirard, ist die Durchfahrt zum französischen Senat. Der kleine Fordlastwagen, genannt »Aunt Pau-

Gertrude Stein und Alice B. Toklas mit »Aunt Pauline«, um 1917.

line«, den Gertrude Stein 1916–18 als freiwillige Helferin für den American Fund for French Wounded gefahren hat, blieb eines Tages direkt vor dieser Durchfahrt stehen. Gertrude Stein, Alice B. Toklas und »Tante Pauline« waren sofort von etwa sechs Polizisten umringt. »Einer fragte«, schrieb Alice B. Toklas, »ob wir nicht wüßten, daß es ein Verstoß gegen das Gesetz sei, den Eingang zu einem öffentlichen Gebäude zu versperren, besonders zum Senat, wo der Premierminister jeden Augenblick erwartet werde.« Als man das Auto zur Seite geschoben hatte, fuhr der große schwarze Wagen von Raymond Poincaré, dem französischen Präsidenten, durch die Einfahrt – ihm hatte »Tante Pauline« den Weg versperrt.

⑳ Das frühere Hôtel Savoy 30, rue de Vaugirard

Nach seiner Ankunft in Paris am 16. Juni 1921 wohnte der junge Aaron Copland im Hôtel Savoy, das damals hier stand. Er verließ dann die Stadt, um für ein paar Wochen in Fontainebleau Musik zu studieren. Gegen Ende des Sommers kehrte Copland zurück und wurde Schüler von Nadja Boulanger, die zu den besten französischen Lehrern für Komposition gehörte. Bei einer Frau zu studieren war völlig unüblich. Copland schrieb: »Meines Wissens ist es noch nie jemandem eingefallen, Komposition bei einer Frau zu studieren, weil jedermann weiß, daß es auf der ganzen Welt noch nie eine erstklassige Komponistin gegeben hat.«

Nadja Boulanger mit Studenten, 1923. Rechts hinter ihr: Aaron Copland.

Wie sich bald herausstellen sollte, hatte Nadja Boulanger einen erheblichen Einfluß auf die zeitgenössische Musik und unterrichtete eine Anzahl Amerikaner, unter ihnen Paul Bowles, Roger Sessions, Virgil Thomson und Melville Smith. 1924, nach drei Jahren Unterricht, führte Copland mit Nadja Boulanger bei einer Abschlußfeier eine vierhändige Fassung seines Balletts *Grohg* auf. Als Mme. Boulanger im folgenden Jahr durch die Vereinigten Staaten reiste, spielte sie auch die *Symphony for Organ and Orchestra* und stellte so Coplands Musik seinen Landsleuten vor.
Folgen Sie der Rue de Vaugirard weiter.

Die einzige Aufnahme von Jean Rhys in Paris.

㉑ Wohnung von Ford Madox Ford
Früher 32, rue de Vaugirard

Ford Madox Ford hatte in dem Gebäude, das früher hier stand, eine Wohnung. Heute ist hier ein Verwaltungsgebäude. Samuel Putnam, einer der wenigen in Paris lebenden Amerikaner, die sich in die französische Umgebung einfügten, wohnte mit Frau und Sohn in der Nähe. In *Paris Was Our Mistress,* seinem Bericht über die Erfahrungen als Ausländer in Paris, erzählt er von seiner Begegnung mit Ford in der Rue de Vaugirard, bei der der Asthmatiker Ford einen Kinderwagen durch den Jardin du Luxembourg zum Café du Dôme schob und ununterbrochen über Rossetti redete.
Ford war der Mentor von Jean Rhys und gab deren Kurzgeschichten heraus. Wie die Frauen in ihren Romanen und Erzählungen paßte auch Jean Rhys nicht in den schöngeistigen Literaturbetrieb des linken Seineufers. Sie wohnte in einem der Außenbezirke von Paris und verkehrte eher mit Unterprivilegierten und Außenseitern als in den schicken Cafés und Buchhandlungen. In ihren Romanen beschreibt sie das mühevolle Dasein, das nur aus den zermürbenden Versuchen besteht, die dringendsten materiellen Bedürfnisse zu befriedigen. Fords Frau Stella Bowen nannte Jean Rhys »eine wirklich tragische Figur«.
1929 ging Ford für sechs Monate in die Vereinigten Staaten und überließ seine Wohnung Allen und Caroline Gordon Tate sowie deren Freundin, der Dichterin Leonie Adams. Tate hatte ein Guggenheim-Stipendium erhalten, kam aber mit seinen dichterischen Plänen nicht zu Rande und schrieb dafür eine Biographie über

den amerikanischen Politiker Jefferson Davis. Obwohl er Gertrude Stein, Alice B. Toklas, Ernest Hemingway und F. Scott Fitzgerald kennenlernte, blieben die Pariser Erfahrungen für Tate ohne große Wirkung. Sein literarisches Interesse galt weiterhin den amerikanischen Südstaaten, und nur ein einziges Mal wird der französische Einfluß in seinem Werk spürbar, nämlich in seinem Gedichtband *The Mediterranean and Other Poems* (1936).

㉒ Grand Hôtel des Principautés-Unies 42, rue de Vaugirard

Als William Faulkner im Sommer 1925 nach Paris kam, wohnte er in einem Zimmer im obersten Stock dieses Hotels. Der 28jährige Faulkner schrieb an seine Mutter: »Ich habe ein hübsches Zimmer gleich um die Ecke vom Luxembourggarten, wo ich sitzen und schreiben und die Kinder beobachten kann. Alles im Park ist für die Kinder – es ist herrlich, wie kinderlieb die Franzosen sind. Sie behandeln Kinder, als wären sie ebenso alt wie Erwachsene – sie spazieren zusammen auf der Straße, ein Mann oder eine Frau mit einem Kinde, und sie sprechen und lachen miteinander, als wären sie gleichaltrig ...« (*Briefe,* S. 23)

William Faulkner, Paris, 1925.

Während seines sechsmonatigen Aufenthalts arbeitete er an *Moskitos (Mosquitoes,* 1927), einem satirischen Roman über die Bohème von New Orleans. Obwohl er Shakespeare and Company ab und zu besuchte, kümmerte er sich nicht weiter um die amerikanische Literaturszene.

Folgen Sie der Rue de Vaugirard bis zur Rue Férou und biegen Sie rechts ein.

㉓ Wohnung von Ernest und Pauline Pfeiffer Hemingway 6, rue Férou

Hinter dem schweren Tor, das von zwei steinernen Sphinxen bewacht wird, befindet sich die luxuriöse Wohnung, in der 1927 Ernest und Pauline Pfeiffer Hemingway wohnten. Pauline Pfeiffer war Assistentin des Herausgebers von *Vogue* und eine enge Freundin von Hemingways erster Frau gewesen. Die Trauung der beiden fand im Mai 1927 in Paris statt. Hemingway schrieb in der Zeit, in der er hier wohnte, den im Ersten Weltkrieg spielenden Roman *In einem andern Land* (*A Farewell to Arms,* 1929). Durch eine

Pauline Pfeiffer (Mitte), Ernest und Hadley Hemingway (rechts), Gerald und Sara Murphy (links), Juli 1926.

kleine Halle betrat man das Wohnzimmer mit einem langen antiken Tisch vor dem Fenster und einem großen spanischen Stuhl mit geschwungener Rücklehne. Ein Bild von Joan Miró, den Hemingway durch Gertrude Stein kennengelernt hatte, hing an der Wand. Miró führte Hemingway in die Malerei ein. Bevor sie beide Erfolg hatten, sagte Miró, hätten sie hart gearbeitet, »aber keiner von uns hat etwas verkauft«.

24 Der Verlag »L'Age d'Homme« und die früheren Redaktionsräume von »Verve« Rue Férou

Gehen Sie mit Ernest Hemingway die schmale Straße hinunter zur Place Saint-Sulpice. An der rechten Seite ist das Verlagshaus *L'Age d'Homme*. Im Schaufenster lag einst die französische Ausgabe des Romans *Von Zeit und Strom,* in dem Thomas Wolfe seine Erfahrungen in Paris schildert. Zwischen 1937 und 1945 waren hier die Redaktionsräume von *Verve,* der Kunst- und Literaturzeitschrift. Die Mitherausgeberin Angèle Lamotte, eine enge Freundin von Adrienne Monnier, war für die Berichterstattung über das gesellschaftliche Leben jener Zeit zuständig. 1939 erschien in *Verve* ein Artikel von Adrienne Monnier über die Fotografin Gisèle Freund, *In the Country of Faces.*

Spazieren Sie die Rue Férou hinunter und wenden Sie sich an der Place Saint-Sulpice scharf nach rechts.

25 Hôtel Récamier 3 bis, place Saint-Sulpice

In *Nachtgewächs* (*Nightwood,* 1936) beschreibt Djuna Barnes dieses Hotel: »Auf dem zweiten Stockwerk des Hotels (es war eine jener Unterkünfte des

Djuna Barnes, Paris 1926.

Mittelstandes, die man an beinahe allen Ecken von Paris finden kann, weder gut noch schlecht, dafür so typisch, daß man sie jede Nacht hätte versetzen können, und nie wäre sie fehl am Platz) stand eine Tür offen, durch die ein roter Teppich zu sehen war, und am entgegengesetzten Ende zwei schmale Fenster, die über den Platz blickten.« (S. 62f.)

Djuna Barnes besaß keine klassische Schulbildung und eignete sich etymologische Kenntnisse an, indem sie im *New English Dictionary* las. Am Schluß seiner Einführung zu *Nightwood* schrieb T. S. Eliot: »Ich möchte hiermit den Leser auf große Stilvollendung vorbereitet haben, auf Schönheit des Ausdrucks, Brillanz und Geist in der Charakterisierung und den Geschmack von Grauen und Untergang, der elisabethanischen Tragödie sehr nahe verwandt.« (*Ebd.*, S. 17)

Gertrude Stein und Alice B. Toklas brachten häufig ihre Gäste in diesem schattigen, ruhigen Eckhaus unter.

㉖ Place Saint-Sulpice

Ruht man sich auf einer der vielen Bänke auf der Place Saint-Sulpice mit ihren Kastanienbäumen und dem mächtigen Springbrunnen aus, der aus vier französischen Kardinälen mit Löwen zu ihren Füßen besteht, kann man den Tauben zusehen, die auf dem Gehweg herumstolzieren oder auf den Kardinälen hocken. Gertrude Stein ging hier gern mit ihrem großen weißen Pudel Basket spazieren. Sie schrieb: »... gerade hier kann Basket frei umherlaufen, weil die Wege breit sind und nicht viele Leute auf ihnen, darum sind wir oft hier.«

Gehen Sie um den Springbrunnen herum bis zur Rue du Vieux Columbier an der Westseite der Place Saint-Sulpice, dann zur Rue de Rennes und der Métro-Station Saint-Sulpice. Gehen Sie einen Häuserblock nach links und biegen Sie wieder nach links in die Rue Cassette ein.

㉗ Wohnung von Alfred Jarry 7, rue Cassette

Im »Stockwerk Dreieinhalb«, wie er es nannte, wohnte der Dichter Alfred Jarry von 1897 bis zu seinem Tod an Allerheiligen 1907. Er nannte das kleine Zimmer »Notre Grande Chasublerie«, unsere große Meßgewandfabrik, weil unter ihm, im zweiten Stockwerk, ein Hersteller von geistlichen Gewändern wohnte. Jarrys

Freund Apollinaire schrieb, die Zimmerdecke sei so niedrig, daß sich Gipsplättchen wie Schuppen auf seinem Kopf sammelten, wenn er herumging. Das einzige Möbelstück war ein schmales Bett. An der Wand hing ein Porträt von Jarry, das Henri Rousseau gemalt hatte. Jarry pflegte flach auf dem Bauch, am Fußboden liegend, zu schreiben. Bekannt als Exzentriker, schockierte er die Gesellschaft auf jede nur mögliche Art. In seinem weiten Mantel schleppte Jarry immer eine kleine Bibliothek mit sich herum. Weil die Taschen voller Löcher waren, rutschten die Bücher bis zum unteren Rand des Futters, so daß der Mantelsaum wie angeschwollen aussah. Ein komischer Anblick, wie man sich vorstellen kann.

Gehen Sie weiter die Rue Cassette hinauf bis zur Rue de Vaugirard, in die Sie nach links einbiegen.

Alfred Jarry, der Fahrradfanatiker, um 1898.

F. Scott Fitzgerald mit Zelda und Tochter bei der Ankunft in Europa, 1925.

㉘ Wohnung von F. Scott und Zelda Fitzgerald 58, rue de Vaugirard

Im Sommer 1928, bei ihrem zweiten Parisaufenthalt, wohnten F. Scott und Zelda Fitzgerald in diesem alten Steingebäude mit den reichverzierten schmiedeeisernen Balkonen. Die sehr große Wohnung gehörte Gerald und Sara Murphy. »Wir bewegen uns irgendwie vordergründig, in einem ausgefallen eingerichteten französischen Appartement. Es wirkt wie die Szenerie für einige von Madame Tussauds unheimlichen Figuren«, schrieb Zelda Fitzgerald. Der Wohnraum war mit kostspieligen antiken Möbeln eingerichtet. In dieser Zeit schrieb Fitzgerald nur Kurzgeschichten, weil er

hoffte, damit seine immer kränkelnde Finanzlage aufbessern zu können. Zwei seiner *Basil and Josephine-Stories* entstanden hier, wenn sie auch seine Kindheit im Mittelwesten beschreiben.
Gerald Murphy machte Zelda Fitzgerald mit dem Direktor der Ballettschule der Ballets Russes bekannt. 1928, im Alter von 28 Jahren, beschloß Zelda spontan, Tänzerin zu werden. Sie begann, Unterricht zu nehmen, und übte die ganze Zeit, denn sie hoffte auf einen schnellen Erfolg. Die Fitzgeralds und die Murphys waren die typischen reichen Amerikaner, wobei Fitzgerald mehr ausgab, als er verdiente. Den größten Teil ihres Aufenthalts in Frankreich verbrachte die Clique an der Côte d'Azur.
Gehen Sie einen Häuserblock zurück bis zur Rue Madame, in die Sie nach links einbiegen.

29 Wohnung von Michael und Sarah Stein, Claribel und Etta Cone
58, rue Madame

In diesem Haus ist noch heute eine protestantische Kirche, genau wie damals, als Michael Stein, Gertrude Steins zweiter Bruder, mit seiner

Von links nach rechts: Michael und Sara Stein, Matisse, Allan Stein und Hans Purrmann in der Wohnung 58, rue Madame, Ende 1907.

Frau Sarah und seinem Sohn Allan 1903–06 im oberen Stockwerk wohnte. Das kombinierte Wohn- und Eßzimmer hatte der Gemeinde als Versammlungsraum gedient, und in den Zimmern fand die Sonntagsschule statt. Bevor das heute westlich angrenzende Gebäude gebaut wurde, fiel durch die großen Fenster, die auf den Garten hinausgingen, helles Licht in die Räume.

Das Ehepaar Stein bewunderte die Bilder von Henri Matisse, und es entwickelte sich eine herzliche Freundschaft zwischen beiden Familien. Michael Stein kaufte zahlreiche Bilder und Skulpturen von Matisse, unterstützte ihn finanziell und machte ihn in den Kunst- und Mäzenatenkreisen von Paris bekannt. Nachdem sie 1906 nach San Francisco zurückgekehrt waren, um den Schaden festzustellen, den der familiäre Immobilienbesitz durch Erdbeben und Großfeuer erlitten hatte, stellten sie die Werke Matisses auch in den Vereinigten Staaten aus.

Vor ihrem Parisaufenthalt hatten die Steins in Kalifornien durch eine gemeinsame Freundin, Harriet Levy, Alice B. Toklas kennengelernt. Als Alice B. Toklas und Harriet Levy 1907 ebenfalls nach Paris kamen, besuchten sie die Familie Stein in diesem Haus. Beim Tee, bei dem auch Gertrude Stein anwesend war, hatten sie und Alice B. Toklas ihre erste schicksalhafte Begegnung. In ihrem Buch *What Is Remembered* (1963) schildert Alice B. Toklas Gertrude Stein, die gerade aus Fiesole zurückgekehrt war: »Sie war eine goldbraune Erscheinung, von der toskanischen Sonne gebräunt und mit einem goldenen Schimmer in ihrem warmen braunen Haar. Sie war in ein Kordsamtkostüm in warmem Braun gekleidet. Sie trug eine große Korallenbrosche, und wenn sie sprach – sehr wenig – oder wenn sie lachte – ziemlich viel –, dachte ich, ihre Stimme käme aus dieser Brosche. Diese Stimme war anders als irgend jemandes Stimme sonst – tief, voll, samtig wie die einer großen Kontraaltistin, wie zwei Stimmen. Sie war eine breite und schwere Person mit zarten kleinen Händen und einem schöngeformten, einzigartigen Kopf.« (S. 23)

Glocken läuteten für Alice B. Toklas, als sie Gertrude Stein kennenlernte, weil es, so schrieb sie, ihre erste Begegnung mit einem Genie war. Später folgten zwei weitere, Alfred North Whitehead und Picasso: Gertrude Stein hatte ihr klargemacht, daß auch sie Genies seien.

Die Schwestern Cone, Claribel und Etta, waren in Baltimore mit Gertrude Stein befreundet gewesen, und im Herbst 1905 mietete Etta Cone hier eine Wohnung. Dr. Claribel Cone wollte sich in Deutschland medizinisch weiterbilden, während ihre Schwester den Winter mit Lesen, Klavierspielen und Besuchen in Galerien und Museen verbrachte. Sie ging mit dem jungen Allan Stein im nahen Jardin du Luxembourg spazieren und mit Gertrude Stein einkaufen.

Als sie Gertrude Stein zu Pablo Picasso in dessen Atelier auf dem Montmartre begleitete (vgl. S. 37) – die Stein saß Picasso damals für ihr berühmtes Porträt –, erwarb sie für 20 Dollar ein Aquarell und eine Radierung von Picasso. Dies waren die ersten Käufe, aus denen später, zusam-

Alice B. Toklas vor dem Gertrude Stein-Porträt von Picasso, Paris 1955.

men mit vielen Werken von Picasso, Matisse und Paul Cézanne, die berühmte Cone-Sammlung entstand. Als Etta Cone 1949 starb, wurde die Sammlung auf drei Millionen Dollar geschätzt. Sie wurde dem Baltimore Museum of Art vermacht, damit »in Baltimore der Geist der Aufgeschlossenheit der modernen Kunst gegenüber wächst«.

Wenden Sie sich an der Rue de Fleurus nach rechts, überqueren Sie die Rue d'Assas und biegen Sie sofort nach links in die Rue Duguay und dann nach rechts in die Rue Huysmans ein.

㉚ Wohnung von Lily Pons 9, rue Huysmans

Die Sopranistin Lily Pons wohnte hier in einer luxuriös ausgestatteten Achtzimmerwohnung. Damals war sie mit einem reichen Mann verheiratet, der ihre musikalische Karriere förderte. Sie kleidete sich nur in Schwarz und Weiß, im Sommer in Gelb, und besaß viel teuren Schmuck. Das gesellschaftliche Leben des Paares war jedoch eher unauffällig und beschränkte sich auf einen kleinen Freundeskreis. Als Lily Pons Mitte der dreißiger Jahre einen Vertrag mit der Metropolitan Opera Company unterzeichnete und nach New York übersiedelte, waren die Frauen in ihrer Nachbarschaft überrascht. Sie kannten sie nur als gute Pariser Hausfrau. Später ließ sie sich von ihrem französischen Ehemann scheiden und heiratete 1938 den berühmten Dirigenten André Kostelanetz.
Wenden Sie sich am Ende der Rue Huysmans nach rechts zum Boulevard Raspail und gehen Sie einen Häuserblock weit bis zur Rue de Fleurus und dann nach rechts.

㉛ Wohnung von Hadley Hemingway 35, rue de Fleurus

Hemingway und seine erste Frau Hadley trennten sich 1926. Hadley Hemingway mietete für sich, den Sohn Bumby und die Katze F. Puss im sechsten Stock dieses Hauses eine Wohnung, die heute nicht mehr existiert. Auf dem Weg durch den Jardin du Luxembourg, als Hemingway ihr Möbel und persönliche Dinge in einem geliehenen Handkarren brachte, soll er in Tränen ausgebrochen sein.

㉜ Wohnung von Leo Stein, Gertrude Stein, Alice B. Toklas und Raymond Duncan 27, rue de Fleurus

Die Tafel an dem Gebäude weist auf die einzigen Amerikaner hin, an die sich die französische Regierung offiziell erinnert. Für die Franzosen repräsentiert Gertrude Stein das literarische Paris vor dem Ersten Weltkrieg. Ein Blick durch das hübsche Glastor, das den Eingang vor Neugierigen schützen soll, zeigt einen Garten im Hof. Rechts vom Hauptgebäude steht ein Anbau, in dem zuerst Gertrude und Leo Stein, später Gertrude Stein mit Alice B. Toklas gewohnt haben. Das Atelier liegt weiter hinten, schräg zum Garten.
Ein Samstagabend im Jahr 1908. Eine Soiree bei den Steins. Picasso und seine damalige Geliebte, Fernande Olivier, sind schon zum Abendessen gekommen. Wir betreten den Anbau durch eine schmale Diele und gelangen durch die erste Tür rechts in das kleine Eßzimmer. An den Wänden entlang stehen Bücher, an die Türen sind Zeichnungen von Picasso und Matisse geheftet. Gegenüber dem Eßzimmer liegt Leo Steins Arbeitszimmer, der *salon des refusés,* so genannt, weil die Bilder, deren sie müde sind, hierher abgeschoben werden. Nach hinten

Gertrude Steins Schreibtisch, 27, rue de Fleurus, 1913.

liegt die Küche. Oben sind zwei Schlafzimmer und ein Bad.
Wir verlassen das Eßzimmer durch die Doppeltür und gehen nach draußen ins Atelier. Der Raum ist großzügig mit Möbeln aus der italienischen Renaissance eingerichtet. Auf einem stattlichen Tisch mitten im Raum sehen wir ein Tintenfaß stehen und blaue französische Schulhefte liegen. Hier pflegte Gertrude Stein in den späten Abend- und frühen Morgenstunden zu schreiben, manchmal bis zum Sonnenaufgang, wenn die Concierge die Gasbeleuchtung draußen löschte. Auch drinnen brennen Gaslampen. In einer Ecke steht noch ein Tisch. Verschiedene Gegenstände liegen darauf, die Gertrude Stein und Picasso sammelten und die hier aufbewahrt werden. An dem einen Ende des Raums, neben einem gußeisernen Ofen, in einem Stuhl mit hoher Rükkenlehne thront Gertrude Stein. Hemingway sagte von ihr, daß sie den Kopf eines Kaisers habe, aber den Körper einer irischen Waschfrau.
Bilder über Bilder bedecken die weißgetünchten Wände von der niedrigen Täfelung bis an die hohe Decke. Der Anblick ist verwirrend: Bilder von Matisse, Picasso, Cézanne, Renoir, Gauguin, Toulouse-Lautrec, Manguin, Daumier, Delacroix und sogar eins von El Greco. Über Gertrude Stein hängt das Porträt von ihr selbst, das Picasso im Winter 1905–06 in über 80 Sitzungen gemalt hat. Eines Tages übermalte Picasso den Kopf, weil er, wie er sagte, sie nicht mehr »sehen« könne, wenn er sie anschaue. Er fuhr den Sommer über nach Spanien.

Gertrude Stein in ihrem Atelier unter dem Porträt von Picasso, 1919.

Nach seiner Rückkehr vollendete er das Bild – ohne Gertrude Stein – an einem einzigen Nachmittag. Die scharfe Nase, der gerade Mund und die vorstehenden Augen des Porträts kündigen bereits Picassos kubistische Phase an.
Die vielen eingeladenen Gäste klopfen an die Tür des Ateliers. Gertrude Stein öffnet. Bis 1912 fungierte auch ihr Bruder Leo Stein als Gastgeber bei den wöchentlichen Gesellschaften. Nach 1912 kümmerte Alice B. Toklas sich um die Ehefrauen und Geliebten, die auf der anderen Seite des Raums saßen. Alice B. Toklas hatte die Aufgabe, sie in typische Frauengespräche über Rezepte, Hüte und Mode zu verwickeln und sie so von der Stein fernzuhalten.
1914 wurde der Ofen durch einen Kamin ersetzt und elektrisches Licht installiert. Atelier und Anbau wurden durch einen Durchgang verbunden. 1912 zog Leo Stein nach Italien und Alice B. Toklas in das Arbeitszimmer: Der berühmte Stein-Toklas-Haushalt war gegründet.
Als Leo Stein 1903 nach Paris gekommen war, hatte er ein Kunststudium an der Académie Julian begonnen, denn, so sagte er später zu Pablo Casals, er fühlte, »wie er ein Künstler wurde«. Ein Onkel suchte ihm Wohnung und Atelier. Die Familie Stein besaß damals Immobilien in San Francisco. Bruder und Schwester lebten jeder von einer monatlichen Rendite in Höhe von 150 Dollar. Diese Summe gestattete ihnen ausgedehnte Reisen und den Kauf von Kunstwerken für ihre Sammlung moderner Kunst. Leo Stein kaufte den ersten Cézanne, ein frühes Landschaftsbild, in seiner er-

Leo Stein, der Bruder von Gertrude Stein, 1907.

sten Zeit in Paris. Obwohl er bei seinen eigenen Malversuchen versagte, hat er ein sicheres Gespür bei der Beurteilung jener Künstler entwickelt, die die Vorläufer der Moderne werden sollten: für Claude Monet, Auguste Renoir, Edgar Degas und Paul Cézanne, oder in Gertrude Steins Worten: »Jedenfalls hatte mein Bruder es nötig zu reden und er malte, aber er hatte es nötig über die Malerei zu reden um zu malen, er hatte es nötig die Malerei zu verstehen um zu malen.« (*Jedermanns Autobiographie*, S. 86)
Bei der Umstellung im Haushaltsarrangement mit Alice B. Toklas kam es unter den Geschwistern zu Auseinandersetzungen über die Verteilung der Kunstwerke. 1914 einigten sie sich darauf, daß Gertrude Stein die Bilder von Picasso, Leo Stein die von Renoir und Matisse behalten sollte. Die Cézannes teilten sie auf. Bruder und Schwester waren völlig verschiedener Ansicht über Picasso, den Gertrude Stein seit 1906 förderte und dessen

Bilder für Leo Stein »scheußlicher Schund« waren. Nach ihrer beider und Alice B. Toklas' Tod erbten die drei Kinder von Allan Stein, dem Sohn von Michael Stein, die noch verbliebenen Kunstwerke.
Als Gertrude Stein 1903 mit ihrem Bruder nach Europa kam, begann für sie ein selbstauferlegtes Exil, das 43 Jahre dauern sollte. Ihr Tod im American Hospital und ihre Beerdigung auf dem Friedhof Père-Lachaise besiegelten ihre Auswanderung, und doch blieb sie immer eine Amerikanerin, die zu ihrem Land hielt, es lediglich vorzog, in Frankreich zu leben. Paris war die friedliche Umgebung, die sie brauchte, um schöpferisch tätig zu sein. Sie liebte die Franzosen, weil sie freundlich waren, ohne allzu persönlich zu werden. In *Paris Frankreich* (*Paris, France,* 1940) schrieb sie: »So war Paris der Ort der denjenigen von uns entsprach, die die Kunst und Literatur des zwanzigsten Jahrhunderts schaffen sollten, natürlich genug. ... Aber Frankreich konnte zivilisiert sein, ohne Fortschritt im Sinn zu haben, es konnte an Zivilisation an und für sich glauben, und so war es der natürliche Hintergrund für diese Zeit.« (S. 18 und S. 42)
Gertrude Stein lernte nie fließend Französisch, sondern zog es vor, die Sprache zu sprechen, die sie schrieb. Als in beiden Weltkriegen die Amerikaner nach Frankreich kamen, begrüßten sie und die Toklas stolz die Soldaten, und als Gertrude Stein im Frühjahr 1935 von einer sechsmonatigen Amerikareise zurückkehrte, bekannte sie: »Ich habe schon Heimweh nach Amerika. Ich wußte nicht, wie schön es ist. Ich war wie ein Junggeselle, der 25 Jahre allein zurechtkommt und dann beschließt zu heiraten. So fühle ich mich – ich meine was Amerika betrifft.«

**Gertrude Stein,
27, rue de Fleurus, um 1914.**

Ob sie auf ihrem hohen Renaissancestuhl saß oder durch die Straßen von Paris ging – stets trug Gertrude Stein einen langen braunen Rock, eine phantasievolle Weste und handgearbeitete italienische Sandalen. Sie

Gertrude Stein und Alice B. Toklas in ihrer Wohnung 27, rue de Fleurus, 1923.

wirkte wie eine Patriarchin, doch manchmal auch schüchtern – nur dann nicht, wenn es um ihr Schreiben ging. Sie hinterließ einige bemerkenswert anmaßende Behauptungen, wie etwa: »Einstein war der kreative philosophische Geist des Jahrhunderts, und ich war der kreative literarische Geist des Jahrhunderts.« (*Jedermanns Autobiographie*, S. 29)

Gertrude Stein schrieb Essays, Bühnenstücke, Kurzgeschichten, Romane, Porträts und eine Oper. Virgil Thomson erklärte: »Daß sie heute als einer der Väter ihrer Generation gilt, ist die Belohnung für ihre seit langer Zeit vollkommene Beherrschung der Sprache.« Sie schrieb immer über Reales, über Menschen, die sie kannte, über Orte, Gegenstände und Ereignisse um sie herum. Sie experimentierte mit neuen Stilformen, mit der Interpunktion und anderem. Viele Menschen, die nie etwas von ihr gelesen haben, kennen den einen Satz von ihr: »*Rose is a rose is a rose is a rose*«, oder: »*Pigeons on the grass, alas.*« Die Bewohner von Oakland in Kalifornien, dem Schauplatz ihrer Kindheit, haben der Stein nie die Beschreibung ihrer Stadt verziehen: »*There is no there, there.*« Heute weht eine Fahne mit dem Wort »There«, »dort«, über der City Hall von Oakland.

Hier, in der Rue de Fleurus, war Alice B. Toklas Sekretärin, Haushälterin, Köchin, Gärtnerin, Gesellschafterin und eine Art Pressesprecherin der Stein. Fast 40 Jahre lang nahm sie sich selbst in der Öffentlichkeit hinter der auffallenderen Gertrude Stein zurück. Privat jedoch war die Toklas die Kraft und der Fels, den das »Genie« Stein brauchte, um sich ganz dem eigenen Schaffensdrang hingeben zu können. Der Druck des Alltags wurde von der Toklas erleichtert, und kein Schriftsteller hat je ein bewundernderes Publikum gehabt als die Stein in ihrer Freundin. Alice B. Toklas war lebenslang Gertrude Steins literarisches Gegenüber. Sie war die erste Leserin der Manuskripte, die nachts entstanden waren und die sie morgens, während Gertrude Stein schlief, abtippte.

Beide bildeten ein bemerkenswertes, ein ungewöhnliches Paar. Alice B. Toklas, klein, mager und dunkel, trug meistens geblümte Gewänder und auffallende, nicht gerade vorteilhafte Hüte. Häufig schirmte sie die Stein gegen Besucher ab. Ihre Lieblingsrezepte, die sie mit den im Garten von Bilignin, dem Sommersitz in Ostfrankreich, angebauten Zutaten zubereitete, sind in *The Alice B. Toklas Cookbook* enthalten.

Nach dem Tod ihrer Lebensgefährtin im Jahr 1946 hielt Alice B. Toklas in ihren Erinnerungen die gemeinsamen Jahre fest und die Begegnungen mit den vielen berühmten Menschen, die bei ihnen ein und aus gingen. In *What Is Remembered* heißt es: »Gertrude Stein gehörte meine ganze Aufmerksamkeit in all den Jahren bis zu ihrem Tod und in all den vielen leeren Jahren seither.« (S. 23)

Um 1905 wohnte auch Raymond Duncan, der Bruder der Tänzerin Isadora Duncan, in Nr. 27, rue de Fleurus. Die Familien Stein und Duncan kannten sich aus San Francisco. Raymond Duncan kam aus Griechenland, begleitet von einer griechischen Freundin, und war in griechische Gewänder gehüllt. Da er keinen Pfennig besaß, gab Gertrude Stein ihm Kohlen für seinen Ofen und einen Stuhl, Pappkartons dienten zur weiteren Einrichtung. Als Penelope, die griechische Freundin, einen Sohn zur Welt brachte, meldeten Duncan und Michael Stein die Geburt beim Standesamt. Sie nannten ihn einfach Raymond, weil sie noch keinen anderen Namen hatten. Später erhielt das Kind dann den griechischen Namen Menalkas.

Folgen Sie der Rue de Fleurus weiter bis zum hohen, mit Goldspitzen versehenen Tor des Jardin du Luxembourg.

㉝ Jardin du Luxembourg

Bei ihrer ersten Begegnung lud Gertrude Stein Alice B. Toklas zu einem Spaziergang durch den Jardin du Luxembourg ein. Diese gemeinsamen Spaziergänge setzten sie ein Leben lang fort.

Verlassen Sie also die Rue de Fleurus und schließen Sie sich den beiden in Gedanken an. Schlendern Sie durch den Jardin du Luxembourg zur Rückseite des Palastes und der Fontaine Catherine-de-Médicis hinüber und verlassen Sie den Park an der Place Edmond Rostand. Folgen Sie dem Boulevard Saint-Michel gen Süden und essen Sie wie die beiden in einer Konditorei ein Pralineneis, »das genauso schmeckte, wie das in San Francisco.« (What Is Remembered, S. 25)

Wenn Hemingway mit seinem kleinen Sohn Bumby spazierenging oder Ger-

Gertrude Stein im Jardin du Luxembourg, um 1903.

trude Stein besuchte, durchquerte er häufig den Jardin du Luxembourg. In seinem Roman *Inseln im Strom* (*Islands in the Stream,* 1970) schreibt er: »›Aber an den Jardin du Luxembourg erinnere ich mich noch gut. Auch an die Nachmittage mit den Schiffchen auf dem Teich bei dem Springbrunnen in dem großen Park mit den Bäumen. Die Parkwege waren alle mit Kies bestreut, und links unter den Bäumen spielten Männer Boule, wie wir vorbeigingen, auf das Palais zu, wo obendrauf eine Uhr war. Und im Herbst fiel das Laub von den Bäumen, und ich weiß noch, wie die Bäume kahl waren und das Laub auf dem Kies lag. Am liebsten denke ich an den Herbst.‹

›Warum?‹ fragte David.

›Ach, wegen vielem. Zum Beispiel wie im Herbst alles roch, und die Karussells, und wie trocken der Kies war, und darunter war alles naß, der Wind auf dem Teich fuhr in die kleinen Segelboote, und von den Bäumen

brachte der Wind das Laub herunter...‹« (S. 54)
In diesem Park trafen sich auch Henry Miller und Alfred Perlès manchmal zum Mittagessen. Sie hatten Brot, Käse und Schinken mitgebracht, ein paar Bananen und zwei oder drei Flaschen Wein. Auf einer Bank gegenüber den Statuen der Königinnen von Frankreich und Navarra aßen sie, was sie mitgebracht hatten, und tranken den Wein direkt aus der Flasche. 1917 wurde in den Anlagen ein Denkmal mit einem Bronzefries aufgestellt, das *Russian Bacchanale* von Malvina Hoffman. Während des Zweiten Weltkriegs schmolzen die deutschen Besatzer das Relief ein und verarbeiteten das Metall zu Munition.
Verlassen Sie den Park an der Westseite bei der Rue Auguste Comte.

Ernest Hemingway mit seinem Sohn Bumby, Paris, um 1925.

Wenden Sie sich nach links und gehen Sie weiter zum Boulevard Saint-Michel.

34 Foyer International des Etudiantes 93, bd. Saint-Michel

Dies ist noch immer der Sitz des Foyer International des Etudiantes und sieht noch genauso aus wie 1942, als Sylvia Beach hier zeitweilig Unterschlupf suchte. Unter der deutschen Besatzung fühlte sie sich in der Rue de l'Odéon nicht mehr sicher und versteckte sich oft in einem Zimmer im obersten Stock.
Gehen Sie den Boulevard Saint-Michel hinauf, überqueren Sie den Place Edmond Rostand und biegen Sie wieder in den Jardin ein. Gehen Sie vorbei an den Statuen, den Springbrunnen und Bäumen, vorbei am Palast und durch das Nordosttor in die Rue de Vaugirard. Gehen Sie dann weiter zum Museum.

35 Musée du Luxembourg

Im Musée du Luxembourg war ein großer Teil der Kunstwerke aus dem späten 19. und frühen 20. Jahrhundert untergebracht, die heute im neuen Musée d'Orsay ausgestellt sind. Das Museum, 1818 von Louis XVIII. erbaut, um die damals modernen Gemälde und Skulpturen aufzunehmen, war das einzige, das staatseigene Werke lebender Künstler besaß. Während der siebziger und achtziger Jahre des 19. Jahrhunderts wurden die künstlerischen Ideen der Avantgarde vom Luxembourg völlig abgelehnt, bis 1890 eine von Claude Monet organisierte Gruppe von Spendern Manets *Olympia* erwarb und dem Staat schenkte. Seit 1896 waren die Impressionisten dort reichlich vertreten: mit sieben Pastellzeichnungen von Degas, zwei Manets, zwei Cézannes, acht Monets, sechs Renoirs, sechs Sisleys und sieben Pisarros. 1922 wurde das Musée du Jeu de Paume eröffnet, und erst als die Arbeiten der Impressionisten 1929 hier zusammengefaßt wurden, waren sie vom Staat offiziell anerkannt.

Viele Künstler vom linken Seineufer boten ihre Werke der Regierung als Geschenk für das Museum an, aber sie wurden in der Regel nicht angenommen. Das Musée du Luxembourg wurde 1937 aufgelöst und durch das Musée National d'Art Moderne ersetzt. Inzwischen mußte das neue staatliche Museum ein Vermögen bezahlen, um die Bilder zu erwerben, die früher als Geschenk angeboten worden waren. Heute sind im Musée du Luxembourg Sonderausstellungen zu sehen.

Vierter Spaziergang
Das Viertel der kleinen Handwerker

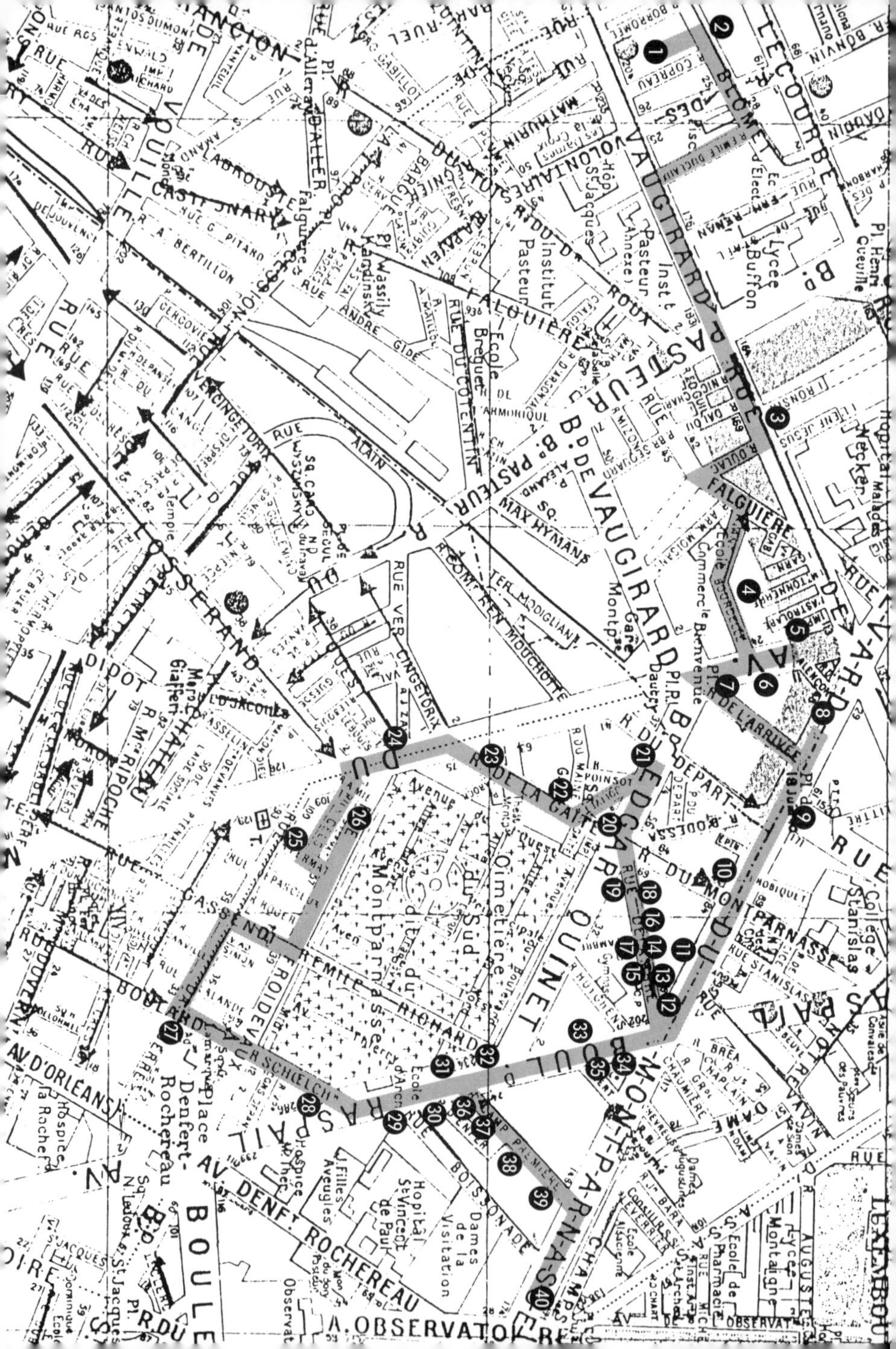
RUE DE VAUGIRARD
B^D PASTEUR
B^D DE VAUGIRARD
FALGUIÈRE
RUE DES VOLONTAIRES
DUTOT
Inst. Pasteur
Institut Pasteur
Lycée Buffon
R. DU DOCTEUR ROUX
RUE LECOURBE
BLOMET
Gare Montp^sse
SQ. MAX HYMANS
RUE DU COTENTIN
Ecole Breguet
R. DE L'ARMORIQUE
RUE ALAIN
RUE ANDRÉ GIDE
Pl. Wassily Kandinsky
RUE VERCINGETORIX
R. VERCINGETORIX
LOSSERAND
DIDOT
R. M^ce RIPOCHE
RUE CASTAGNARY
LABROUSTE
A. BERTILLON
RUE DE LA GAITÉ
R. DU DÉPART
R. DE L'ARRIVÉE
RUE DU MONTPARNASSE
RUE ODESSA
Collège Stanislas
RUE STANISLAS
Cimetière du Montparnasse
EDGAR QUINET
FROIDEVAUX
EMILE RICHARD
GASSENDI
RASPAIL
B^D DU MONTPARNASSE
R. CAMPAGNE PREMIÈRE
BOISSONADE
Place Denfert-Rochereau
AV. DENF^T ROCHEREAU
AV. D'ORLÉANS
Hospice la Rochefoucauld
Hôpital St Vincent de Paul
Dames de la Visitation
J. Filles Aveugles
A. OBSERVATOIRE
Ecole Alsacienne
Lycée Montaigne
RUE VAVIN
Hôpital Necker
Pl. Henri Queuille
R. BRÉA
R. DELAMBRE
R. HUYGHENS
1 2 3 4 5 6 7 8 9 10 11 12 13 14 15 16 17 18 19 20 21 22 23 24 25 26 27 28 29 30 31 32 33 34 35 36 37 38 39 40

Métro: Volontaires
Busse: 39, 80, 70

Wenden Sie sich an der Métro-Station Volontaires nach rechts in die Rue des Volontaires und gehen Sie weiter zur Rue Blomet. Es ist nicht zu übersehen, daß sich dieses Arbeiterviertel, in dem heute ständig Häuser abgerissen und neue gebaut werden, seit dem Ende des letzten Jahrhunderts und den frühen Jahren dieses Jahrhunderts verändert hat. Damals konnte man viel Raum für wenig Geld mieten, und das Viertel bestand aus kleinen Handwerksbetrieben und Metallgießereien. Wenden Sie sich nach links und gehen Sie einen Häuserblock weit bis zum Square Blomet.

❶ Treffpunkt der Dadaisten Square Blomet und 45, rue Blomet

Gegenüber der eisernen Eingangspforte zum Park, in der Nähe des Kinderspielplatzes, steht eine große Skulptur von Joan Miró. Kinder spielen in ihrem Schatten, ohne zu ahnen, daß hier in den Zwanziger Jahren der Lieblingsplatz der Rue-Blomet-Gruppe war, einer Gruppe avantgardistischer Künstler. Bei schönem Wetter versammelten sich die Dadaisten André Masson, Francis Picabia, Antonin Artaud und andere unter einem Fliederbusch im Park und diskutierten heftig mit Tristan Tzara, dem Mitbegründer von Dada. Vorübergehend schloß sich diese Gruppe André Breton und den Surrealisten an.
1905 folgte der spanische Maler Joan Miró seinem katalanischen Landsmann Pablo Picasso von Barcelona nach Paris. Picasso fand in einem nicht allzu teuren Hotel am rechten Seineufer eine Unterkunft für ihn, aber als Miró sich entschloß, in Paris zu bleiben, richtete er sich ein Atelier hier in einem baufälligen alten Gebäude ein. Der überempfindliche Miró tünchte die Wände weiß, Farben, Pinsel und Leinwand waren immer sauber angeordnet. Um malen zu können, brauchte er Ordnung.
Das große Bild *La Ferme* (1922), das Mirós Freund Hemingway erwarb, ist typisch für die sogenannte realistische Phase in Mirós ersten Arbeiten in Paris. Etwa 1926 wurde sein Stil einfacher und zeigte sein Gefühl für das Spielerische im Leben. Er schloß sich den Surrealisten an, auf der Suche nach »einer Art absoluter Realität, einer Superrealität«.

Skulptur von Joan Miró, 45, rue Blomet.

Die Pariser Dada-Gruppe, um 1922. Von links: Chadourne, Tzara, Soupault, Charchoune, Man Ray, Eluard, Rigaut, Mick Soupault, Ribemont-Dessaignes.

Im Zimmer neben Mirós ordentlichem Atelier lebte der Maler André Masson unter völlig entgegengesetzten Bedingungen. Als echter Bohémien inspirierte ihn das Unordentliche, das Verkommene. Er teilte die Meinung von Philippe Soupault: »Reinlichkeit ist der Luxus der Armen – seid schmutzig!«

»Für uns Surrealisten von 1924 war Verstand die große Hure«, schrieb Masson, »denn kalter Verstand war es, der die Menschheit in einen Krieg führte, der das Ende aller Kriege hätte sein sollen.« Bei Regenwetter versammelte sich die Gruppe um Philippe Soupault, Francis Picabia, Tristan Tzara und Antonin Artaud in Massons unordentlichem Atelier.

❷ Früher Le Bal Nègre
46, rue Blomet

Als Josephine Baker den amerikanischen Jazz nach Paris brachte, packte sein Rhythmus die Franzosen: Alle tanzten Charleston. Der *bal musette* in der Nachbarschaft war plötzlich nicht mehr *chic*, statt dessen waren jetzt die *swinging black cabarets* wie Le Bal Nègre »in«, besonders für die in Paris lebenden Amerikaner.

Im Bal Nègre machte zum Beispiel der Herausgeber von *transition*, Eugène Jolas, die Schriftstellerin Kay Boyle mit seinen reichen neuen Freunden Harry und Caresse Crosby bekannt. In der *Black Sun Press* der Crosbys erschien 1929 Kay Boyles erstes Buch *Short Stories*, eine Sammlung von sieben Kurzgeschichten, die vorher bis

auf eine in kleineren Zeitschriften abgedruckt worden waren.
Gehen Sie die Rue Blomet drei Häuserblocks zurück und wenden Sie sich nach rechts in die Rue Emile Duclaux, die Sie zur Rue de Vaugirard führt. Wenden Sie sich dann nach links und gehen Sie etwa fünf Häuserblocks weit. Neben Nr. 164 der Rue de Vaugirard steht ein altes Gebäude, das aussieht, als hätte es Platz für das Atelier eines Bildhauers.

❸ Atelier von Constantin Brancusi 8, impasse Ronsin

Hinter der großen eisernen Pforte, die auf einen Hof führt, befand sich das Atelier des Bildhauers Constantin Brancusi. Der weißgetünchte Raum im Erdgeschoß hatte hohe Wände. Auf der Werkbank lagen Meißel, und an Pflöcken in den Wänden hingen Sägen. Hobelspäne und Steinstaub von den weißen Statuen bedeckten den Boden. Heute steht das Atelier wieder aufgebaut auf dem großen Platz am Beaubourg vor dem Musée Pompidou, wo Sie es besichtigen können.

Kay Boyle und Harry Crosby, 1929.

Brancusi kochte oft für seine Freunde und erzählte während des Essens aufregende Geschichten. Er hatte dunkle Augen und einen durchdringenden Blick, rote Wangen und einen langen weißen Bart. Er lachte gern und laut, gestikulierte wild mit den Armen, während er seine Geschichten erzählte. Auch das Ehepaar Crosby war zum Lunch im Atelier eingeladen, und beide sahen zu, wie Brancusi über der offenen Feuerstelle, die ihm auch als Schmiede diente, Hähnchen und Kartoffeln briet. Anaïs Nin berichtet, wie er ihr Shish-kebab mit Rotwein aus großen Flaschen servierte. Wenn Brancusi ins Kino um die Ecke ging, saß sein großer Spitz auf einem Extraplatz neben seinem Herrn. Vermutlich sah auch er gern Filme.
Zwei Jahre lang, 1926–28, stritt der United States Custom Service mit Brancusi über sein Werk *L'Oiseau d'Or*. Sie erklärten die auf Hochglanz polierte Skulptur schlichtweg für ein »loses Metallstück«, nicht für ein Kunstwerk, und verlangten deshalb höheren Einfuhrzoll. Vor Gericht räumte die amerikanische Regierung ein, daß die Skulptur tatsächlich Kennzeichen eines »ornamentalen Charakters« aufweise und nicht als Rohmetall gelten könne. Das Verfah-

ren ergab, daß in Fragen moderner Kunst Beamte keine Entscheidungen fällen können. Brancusi nannte seine Stein-, Holz- und Metallarbeiten »Skulpturen für Blinde«, weil die Figuren und Gegenstände so radikal vereinfacht sind, daß man sie erst durch Berühren verstehen kann.

Folgen Sie weiter der Rue de Vaugirard bis zur nächsten Ecke, der Rue Dulac, und wenden Sie sich nach rechts. Dann biegen Sie nach links in die Rue Faulguière ein und wenden sich nach einem Häuserblock nach rechts in die Rue Antoine Bourdelle.

❹ Musée Bourdelle 16, rue Antoine Bourdelle

Der mit großen Steinfiguren bevölkerte Garten des Museums wird sofort Ihre Aufmerksamkeit auf sich ziehen. In dem Gebäude befindet sich eine große Sammlung von Arbeiten des Bildhauers Emile-Antoine Bourdelle, und man kann auch die Zimmer besichtigen, in denen er von 1881 bis zu seinem Tod 1929 wohnte. Das kleine unscheinbare Museum ist ein Juwel für Kunstliebhaber. Die Straße, an der es liegt, wurde 1913 dem öffentlichen Verkehr zugänglich gemacht und später nach Antoine Bourdelle benannt.

Über die Zusammenarbeit mit seinem geliebten, genialen Lehrer Auguste Rodin sagte Bourdelle: »Ich war nur der Arbeiter«; er führe Rodins Arbeit lediglich fort.

Der amerikanische Bildhauer Frederick William MacMonnies hatte hier seit 1887 sein Atelier. Janet Scudder, die seinen berühmten Springbrunnen

Der Bildhauer Constantin Brancusi in seinem Atelier, um 1923.

auf der World's Columbian Exposition 1893 sah, wurde ein Jahr später MacMonnies Assistentin und half ihm bei der Arbeit für das Kriegerdenkmal in West Point, *Victory*, und für die Statue im Jardin du Luxembourg, *Bacchante*.
In den Zwanziger Jahren mietete ein anderer amerikanischer Bildhauer hier einen Raum, um seine Steinblöcke zu bearbeiten: Jo Davidson. Sein eigenes Atelier war in der Nähe.
Gehen Sie weiter bis zur Kreuzung und wenden Sie sich nach links in die Avenue du Maine.

❺ Wohnung von Halīl Ǧibrān 14, avenue du Maine

Der belesene Dichter, Maler und Philosoph Halīl Ǧibrān lebte hier 1908–10, als er noch arabisch schrieb. In dieser Zeit beauftragte ihn Auguste Rodin, ein Porträt von ihm zu malen. Nach seiner Übersiedlung 1911 in die USA schrieb er in englischer Sprache. Hauptsächlich bekannt wurde er dort wegen seiner mystischen Schriften wie zum Beispiel *Der Prophet* (*The Prophet*, 1923).
Überqueren Sie die Avenue du Maine und wenden Sie sich nach rechts. Gehen Sie bis zum Ende der Sackgasse mit den alten farbenprächtigen Häusern.

❻ Atelier von Jo Davidson 21, avenue du Maine

Der Bildhauer Jo Davidson bewohnte hier ein Atelier, das nach Süden ging und aus zwei Räumen und einem großen Balkon bestand. Hier modellierte er – häufig in Einzelsitzungen von nur

Gertrude Stein.
Plastik von Jo Davidson, 1923.

vier oder fünf Stunden – die Büsten von so verschiedenen Menschen wie Andrew Mellon, Clarence Darrow, Bernard Baruch, Charles Chaplin, Gandhi und James Joyce.
Als Gertrude Stein ihm 1922 Modell saß, auf einem kleinen Sockel, die Schultern nach vorn gebeugt, die Hände in ihrem breiten Schoß, schrieb er: »Einen Kopf von Gertrude zu machen, reichte nicht aus – es war so viel mehr an ihr als nur der. Darum machte ich von ihr eine sitzende Figur – eine Art modernen Buddha ... Sie kam zu mir ins Atelier und las etwas vor. Das Ungewöhnliche daran war, daß ich bei ihrem Vorlesen niemals ein Gefühl der Mystifizierung hatte. *Rose is a rose is a rose is a rose* nahm mit jeder Stimmveränderung eine andere Bedeutung an. Wenn sie vorlas, verstand ich den Humor, der darinsteckte. Wir

lachten beide, und ihr Lachen muß man gehört haben. Es war irgend etwas Ewiges an ihr – irgendwie verkörperte sie Weisheit.«
Das Wortporträt über Davidson, das Gertrude Stein, während sie ihm Modell saß, verfaßte, wurde zusammen mit einem Foto der Skulptur 1923 in *Vanity Fair* veröffentlicht.
In diesem Atelier begegneten sich auch Gertrude Stein und James Joyce zum erstenmal Mitte der dreißiger Jahre, und zwar auf einer Teeparty, die Davidson gab, um die Vollendung seiner Statue von Walt Whitman zu feiern. Sylvia Beach stellte die beiden einander vor, und Gertrude Stein erinnerte sich später daran: »Wir waren uns nie begegnet und er sagte nein, obwohl unsere Namen immer zusammen genannt werden und dann sprachen wir über Paris und wo wir wohnten und wieso wir wohnten wo wir wohnten und das war alles ...«

❼ Das frühere Palais d'Orléans Avenue du Maine

Das Gelände des ehemaligen Palais d'Orléans liegt an der Avenue du Maine. Für einen Abstecher dorthin ist es jedoch zu weit. Hier fand am 31. Dezember 1916 ein Bankett zu Ehren von Apollinaire statt. In demselben Bankettsaal, in dem es 25 Jahre früher ein Diner für Paul Verlaine gegeben hatte, hießen Apollinaires Freunde den Dichter in Paris willkommen, als er mit einer schweren Kopfverletzung aus dem Krieg heimkehrte. Organisiert hatten das einmalige Ereignis Juan Gris, Pablo Picasso, Paul Dermée, Max Jacob, Reverdy und Blaise Cendrars. 90 Gäste hatten ein Mahl mit zwölf Gängen zu verzehren. Die gedruckte Speisekarte kündigte unter anderem an: »Hors d'œuvres cubistes, orphistes, futuristes etc.«, »Méditations esthétiques en salade«, »Café des Soirées de Paris«, dazu viele Flaschen »Alcools«, als Hommage an Apollinaires gleichnamige Gedichtsammlung.
Als sich zwischen einzelnen rivalisierenden kubistischen Künstlern eine lautstarke Auseinandersetzung entwickelte, beruhigte Apollinaire, elegant gekleidet, in einer neuen Uniform, die Gäste mit einer Rezitation und einem Trinkspruch. Einige Tage später schrieb er: »Mein Diner war eine Art Blitzlicht, genau wie es sein sollte, explosiv und gefährlich, kurz, aber am Rande eines Gefühlsausbruchs.«
Folgen Sie der Avenue du Maine bis zur Ecke, biegen Sie dann scharf nach links in die Rue de l'Arivée ein und gehen Sie weiter bis zum sehr belebten Boulevard du Montparnasse. Rechts sehen Sie das umstrittene, kühne schwarze Hochhaus »Tour Montparnasse«. An der Ecke wenden Sie sich nach links. Der Turm ist der einzige Wolkenkratzer im Stadtzentrum, und das Einkaufsviertel, in dem er steht, war das erste dieser Art in Paris. Da er höher als der Eiffelturm ist, betrachten die meisten Franzosen ihn als einen Schandfleck im Panorama der Stadt.

❽ Das frühere Hôtel de Versailles 60, bd. du Montparnasse

Alexander Calder wohnte hier für vier Monate, als er im Juli 1926 zum erstenmal nach Frankreich kam. Er wollte in Paris malen. Als man später von ihm sagte, seine Kunst sei typisch für Amerika, berichtigte Calder dies Urteil: »Den Anstoß, die Dinge auf meine Weise zu gestalten, erhielt ich in Paris.«

Kehren Sie um und folgen Sie dem Boulevard du Montparnasse über die Rue de l'Arrivée hinweg. Gehen Sie am Einkaufszentrum vorbei zur Métro-Station Montparnasse. Von hier aus schauen Sie über die Place du 18 juin 1940.

❾ Das frühere Restaurant Trianons
5, place du 18 juin 1940

An der Nr. 5 dieses Platzes, der früheren Place de Rennes, lag das Lieblingsrestaurant von James Joyce. Der nahezu blinde Autor saß immer an einem reservierten Tisch, häufig in Gesellschaft von John Dos Passos und Samuel Beckett. Joyce, sehr mager, trug gewöhnlich eine mit Blumen bestickte Weste und einen großen Ring am kleinen Finger. Meistens las ihm der Kellner die Speisekarte vor.

Als Robert McAlmon im Mai 1924 eine Dinnerparty für den Dichter William Carlos Williams gab, füllten die eingeladenen Literaten fast die Hälfte des Restaurants. Joyce, leicht betrunken, sang irische Balladen, McAlmon Spirituals und Cowboylieder. William Carlos Williams, der seine Arztpraxis in Rutherford, New Jersey, wegen eines Studienurlaubs in Europa aufgegeben hatte, beschloß bald darauf, seine Auswanderungspläne aufzugeben und nach Amerika zurückzukehren.

Gehen Sie weiter bis zum Boulevard du Montparnasse und wenden Sie sich nach rechts in die Rue du Montparnasse.

❿ Café Falstaff
42, rue du Montparnasse

Als der Barkeeper »Jimmy« (Jimmy Charters) 1925 die Dingo-Bar verließ, folgten ihm viele seiner Stammkunden aus der Literaturszene ins ruhigere Falstaff. Mit den eichengetäfelten Wänden und gepolsterten Stühlen sieht es heute noch genauso aus wie vor fast 60 Jahren.

Im Sommer 1929 kam Morley Callaghan mit Ernest Hemingway und F. Scott Fitzgerald ins Falstaff. »Ich lachte«, schrieb Callaghan später, »und sagte, morgen würde es im ganzen Café bekannt sein, daß ich die Unverschämtheit gehabt hätte, Fitzgerald und Hemingway zu erklären, was man mit einem Buch machen solle. Ernest sagte: ›Was kümmert's dich? Wir sind Profis. Uns kümmert nur, ob etwas so gut ist, wie es sein sollte.‹« (*That Summer In Paris,* S. 219)

Folgen Sie dem Boulevard weiter nach rechts.

⓫ La Coupole
Boulevard du Montparnasse und Rue Vavin

Vor der russischen Revolution trafen sich hier Leo Trotzki und auch im Exil lebende Landsleute von ihm, um Fragen des Sozialismus zu diskutieren. Nach der Revolution saßen die weißrussischen Emigranten hier und lasen russische Zeitungen, die an den Zeitungsständern hingen. Russische

Das Café du Dôme am Boulevard du Montparnasse, 1932.

Künstler waren in Paris immer willkommen. Diaghilew, der Impresario der Ballets Russes, zum Beispiel und die Komponisten Sergei Prokofjew und Igor Strawinsky ließen sich in Paris nieder. Strawinsky fand das Pariser Leben so anregend, daß er sich einbürgern ließ. Prokofjew erklärte dagegen: »Sich in Paris niederzulassen, bedeutet nicht, daß man sofort Pariser wird.« Seine Musik behielt denn auch seinen ausgeprägt slawischen Charakter.

Das Coupole wurde 1987 abgerissen und 1988 nach alten Originalplänen wieder aufgebaut.

⓬ Café du Dôme
108, bd. du Montparnasse

In einem Brief an Sherwood Anderson vom 23. Dezember 1921 schrieb Ernest Hemingway: »... wir sitzen vor dem Café Dôme gegenüber der Rotonde, die gerade neu angestrichen wird, gewärmt von einer dieser Holzkohlepfannen, und es ist verdammt kalt draußen, aber die Holzkohlepfanne macht es schön warm, und wir trinken Rumpunsch, heiß, und der Rum dringt in uns ein wie der Heilige Geist.« (*Ausgewählte Briefe 1917–1961*, S. 46)

Ursprünglich eine schäbige Bar, war das Dôme zu einem Treffpunkt amerikanischer Maler und Schriftsteller am Montparnasse geworden. Amerikaner kamen, um zu sehen, wer mit wem frühstückte oder wer wen an seinen Tisch eingeladen hatte. Malcolm Cowley berichtet, daß die Herausgeber kleiner Zeitschriften Stammgäste im Dôme waren, um Leute zu suchen, die Beiträge lieferten.

An der Ecke zur Place Pablo Picasso wenden Sie sich nach rechts in die Rue Delambre.

⓭ Die frühere »Black Manikin Press« und Wohnung von Edward Titus 4, rue Delambre

Beim Dôme um die Ecke eröffnete Edward Titus, der erste Ehemann von Helena Rubinstein, 1924 die Black Manikin-Buchhandlung. 1926 gründete er die *Black Manikin Press* und brachte unter den 25 Titeln, die bis 1932 erschienen, auch die zweite Auflage von D. H. Lawrences berühmtem Skandalroman *Lady Chatterley* unter dem Titel *Lady Chatterley's Lover* (1929) heraus. Ab 1929 war er auch Herausgeber der Zeitschrift *This Quarter*, die allerdings drei Jahre später einging.

Edward Titus in seiner Buchhandlung, Mitte der dreißiger Jahre.

Samuel Putnam, Paris 1927.

Edward Titus lebte über dem Laden in einer eleganten Wohnung mit antiken Möbeln, die zwar von Mme. Rubinstein bezahlt, aber selten besucht wurde. Sie betrachtete ihr Arrangement zwischen zwei Kontinenten als moderne Form der Ehe. Die Freunde ihres Mannes, Joyce, Lawrence, Hemingway, Faulkner und e. e. cummings, paßten ihr nicht. Sie hielt sie für Schmarotzer, deren Essen sie auch noch bezahlen mußte.

⓮ Wohnung von Samuel und Riva Putnam 8, rue Delambre

Über der Dingo-Bar hinter dem Café La Coupole lebte das Schriftstellerpaar Samuel und Riva Putnam. 1930 war Putnam kurze Zeit Mitherausgeber von *This Quarter*. In der kleinen Wohnung, die aus zwei miteinander verbundenen winzigen Zimmern bestand, gaben die Putnams einmal eine Wodka-Party für den Bühnenautor Elmer Rice, und nicht weniger als 100 Leute drängten sich auf dem engen Raum. Putnam schrieb, daß das klappernde Geschirr aus der Küche des Coupole »stets für eine Art Orchesterbegleitung sorgte«.

⓯ Wohnung von Isadora Duncan 9, rue Delambre

Direkt gegenüber steht ein Gebäude mit einer Glasfassade. 1927 bezog hier die Tänzerin Isadora Duncan ein enges Doppelappartement. In einem Stock befand sich ihr Wohnzimmer, darüber Schlafzimmer und Badezimmer und ein kleiner Balkon, von dem man auf das Wohnzimmer hinunterblickte. Dies war Isadora Duncans letzte Wohnung in Paris. Im September desselben Jahres verunglückte sie in Nizza tödlich, erwürgt von ihrem Schal, der sich in den Rädern ihres Kabrioletts verfangen hatte.
Nach ihrer eigenen Darstellung hatte sie in dieser Zeit wenig Geld. In der Hoffnung, daß ein Buch ihr aus der finanziellen Misere helfen könnte, schrieb sie ihre Memoiren. *Mein Leben, meine Zeit* erschien jedoch erst nach ihrem Tod, 1928. In jüngeren Jahren hatte sie für einen einzigen Auftritt hohe Gagen bekommen. Sie lebte sehr verschwenderisch, gab ihr ganzes Vermögen aus und galt unter ihren vielen Freunden als großzügig. Während des Ersten Weltkriegs stiftete sie Belleville, ihr Château in Paris, der französischen Regierung für ein Krankenhaus. Außerdem mietete sie die Metropolitan Opera in New York für eine Wohltätigkeitsveranstaltung, auf der sie umsonst tanzte und deren Erlös sie dem französischen Staat schenkte.

⓰ Die frühere Dingo-Bar 10, rue Delambre

Barkeeper Jimmys Corned beef, sein Beefsteak, seine amerikanische Suppe und seine Freundlichkeit zogen Hunderte von Amerikanern an. Hier begegnete Hemingway zum erstenmal F. Scott Fitzgerald und beschrieb ihn so: »Scott war damals ein Mann, der wie ein Junge wirkte, mit einem Gesicht zwischen hübsch und gutaussehend. Er hatte sehr blondes, welliges Haar, eine hohe Stirn, lebhaft und freundlich blickende Augen und einen sensitiven irischen Mund mit feingeschwungenen Lippen, der bei einem Mädchen der Mund einer Schönheit gewesen wäre. Sein Kinn war wohlgestaltet, und er hatte gut geformte Ohren und eine gutaussehende, beinahe schöne, makellose Nase. Das hätte noch kein hübsches Gesicht ergeben, das machten erst seine Farben, das sehr blonde Haar und der Mund. Der Mund beunruhigte einen, ehe man ihn kannte, und dann beunruhigte er einen noch mehr.« (*Paris – ein Fest fürs Leben,* S. 270)
Ihre Freundschaft war durch gemeinsame literarische Interessen geprägt. Fitzgerald bewunderte Hemingway. Diesen ärgerte jedoch, daß die Fitzgeralds unter Alkohol in der Öffentlichkeit unangenehm auffielen. Fitzgerald, der über die Reichen schrieb und am liebsten wie sie gelebt hätte, sagte einmal zu Hemingway: »Die Reichen sind nicht wie wir.« Darauf Hemingway: »Nein, sie haben mehr Geld.«

Tristan Tzara, Zürich 1918.

⓱ Das frühere Hôtel des Ecoles 15, rue Delambre

Von Herbst 1921 bis Sommer 1922 wohnte hier Man Ray, der damals noch unbedingt Maler werden wollte. Als er bald darauf entdeckte, daß seine wahre Ausdrucksform die Fotografie war, hatte er innerhalb kurzer Zeit Erfolg.

Im selben Stockwerk wohnte der rumänische Dichter Tzara. Er gilt als Mitbegründer der Dada-Bewegung in Zürich, und seine Ankunft in Paris 1920 war ein großer Augenblick für viele Künstler, die ihn gespannt erwartet hatten. Dada war eine Reaktion auf die erstarrten ideologischen und ästhetischen Vorstellungen der Zeit vor dem Ersten Weltkrieg, die letztlich zum Krieg führten. So wie Kriege sinnlos sind, soll auch die Kunst keinen Sinn stiften, argumentierten die Dadaisten. Sie wollten die Leute schockieren und auf diese Weise den Irrsinn und die Wertlosigkeit des Lebens aufdecken. 1923 wurde der Dadaismus vom Surrealismus abgelöst.

⓲ Wohnung von Frederick Mac Monnies 22, rue Delambre

Der Bildhauer Frederick MacMonnies kam 1886 nach Paris, um an der Ecole des Beaux-Arts zu studieren. Er wohnte hier und hatte sein Atelier in der späteren Rue Antoine Bourdelle, wo auch Janet Scudder als seine Assistentin arbeitete.

Gehen Sie weiter, vorbei am Square Delambre.

⓳ Wohnung von Jo Davidson 39, rue Delambre

1908 hatte der Kunststudent Jo Davidson sein Atelier hier im Erdgeschoß. Er war ein außerordentlich begabter Bildhauer und arbeitete sehr schnell, manchmal entstand eine Büste in einer einzigen zweistündigen Sitzung. Als er von ein paar amerikanischen Studenten hörte, die eine Wagner-Büste suchten, um sie ihrem Lehrer zu schenken, behauptete Davidson, er habe eine. Er lieh sich 20 Francs, kaufte ein Foto des Komponisten, und nach 24

Stunden war die Büste fertig. Auf die Frage, wie lange er daran gearbeitet habe, erwiderte er: »Oh, ein paar Monate.«
Zu seinen Modellen gehörten der französische Marschall Foch, General George Pershing, Bernard Baruch und John D. Rockefeller. Davidson war verhältnismäßig unbekannt, bis er sein erstes Stück an Gloria Harry Payne Whitney, geborene Vanderbilt, verkaufte, die Gründerin des Whitney Museum of American Art in New York. Dadurch wurde er Kunstsammlern in New York und Paris bekannt.
Überqueren Sie den Boulevard Edgar Quinet und biegen Sie in die Rue de la Gaîté ein.

⑳ Wohnung von Raymond und Isadora Duncan
4, rue de la Gaîté

Raymond Duncan kam 1900 zusammen mit seiner Mutter und seiner Schwester Isadora nach Paris. Sie bezogen ein möbliertes Atelier hier im Hof, das monatlich 50 Francs Miete kostete. Die Concierge bot ihnen Lunch für 50 Centimes an, und das Abendessen kostete samt Wein einen Franc pro Person. Bruder und Schwester verbrachten ihre Tage im Louvre, sie in weißem Kleid und mit »Liberty of London«-Hut, er mit schwarzem Hut auf langem Haar, offenem Kragen und flatternder Krawatte – ganz wie die Bewohner des Quartier Latin. Nach sechs Monaten zog die Familie in eine größere Wohnung, und zwar über einer Druckpresse, die rund um die Uhr in Betrieb war und das Gebäude erbeben ließ.
Im Januar 1927 brachte Janet Flanner im *New Yorker* ein Porträt von Isadora Duncan, in dem es heißt: »Vor zwei Jahrzehnten bewirkte sie durch ihre außergewöhnliche Persönlichkeit eine ästhetische Renaissance in der Tanzkunst, soweit die amerikanische Moral es ihr gestattete.« (*Paris Was Yesterday*, S. 28)
Kehren Sie zurück zum Boulevard Edgar Quinet und wenden Sie sich nach links.

㉑ Das frühere Hôtel Sphinx
31, bd. Edgar Quinet

Das einstige stuckverzierte Gebäude wurde durch dieses moderne Durchschnittsgebäude ersetzt. In der Nachbarschaft nüchterner Betonbauten war Le Sphinx eine willkommene Abwechslung. Die *maison de joie*, das Bordell, war an den zwei steinernen Sphinxen, die den Eingang bewachten, leicht zu erkennen. Anläßlich der feierlichen Eröffnung verschickte die Besitzerin Mme. Martha Lemestre elegante Einladungen an alle Männer in der Nachbarschaft. Viele brachten ihre Frauen mit. Es erwartete sie eine Ausstattung in Art deco und ägyptischem Stil, attraktive und charmante Gastgeberinnen und hervorragende Weine aus dem wohlgefüllten Keller. Damit sich die Kunden im Sommer wohlfühlten, war Le Sphinx mit einer Klimaanlage ausgestattet – es war das erste Gebäude in Frankreich mit diesem Luxus.
Gehen Sie den Boulevard Edgar Quinet zurück und biegen Sie in die Rue Poinsot ein. Überqueren Sie den Square Gaston Baty und gehen Sie in die Rue du Maine.

㉒ Hôtel Central
1 bis, rue du Maine

Vom Hotel, das an der Ecke steht, blickt man auf einen kleinen Platz mit sieben kümmerlichen Bäumen und ein paar Holzbänken. 1930 logierten hier Henry Miller und Alfred Perlès in zwei nebeneinanderliegenden Zimmern. Perlès schrieb damals für *Paris Tribune*. Miller hatte keine Arbeit und war fast so arm wie die Bettler und Sandwichmänner aus dem Viertel, die auf dem Platz ihre Käsebrote aßen und billigen Wein dazu tranken. Die Stelle, die Perlès ihm schließlich bei der *Tribune* verschaffte, war auf wenige Monate befristet. Im übrigen behauptete Miller, er sei nach Paris gekommen, um Sünde und Laster zu studieren.

Biegen Sie nach rechts in die Rue de la Gaîté ein. Das nächste Ziel liegt auf der linken Straßenseite.

Henry Miller, Paris 1932.

㉓ Das frühere Théâtre de la Gaîté
26, rue de la Gaîté

Hier hatte Isadora Duncan am 27. Januar 1909 ihren größten Triumph als Iphigenie in Glucks Opern *Iphigenie in Aulis* und *Iphigenie auf Tauris*. Der Kritiker der Pariser Zeitung *L'Opinion* schrieb, sie tanze mit »höchster Anmut, zarter Eleganz und Leichtigkeit«. Vor allem zeigte er sich von der »Illusion absolut vollkommener Natürlichkeit« beeindruckt. Isadora Duncan begründete mit ihrer Art, barfüßig und in dünnen griechischen Gewändern zu tanzen, einen neuen Stil. Schon bald schwebten ihre Schülerinnen frei und unbeengt über Bühnen im Freien, in Gärten oder in griechischen Amphitheatern.

Folgen Sie der Rue de la Gaîté bis zur Avenue du Maine.

㉔ Wohnung von Henri Rousseau
Früher 2 bis, rue Perrel

Auf der anderen Seite der Avenue du Maine, wo heute ein Hochhaus steht, in einer kurzen Sackgasse, die nicht mehr existiert, wohnte Anfang des Jahrhunderts Henri Rousseau in einem Zimmer über dem Laden eines Stukkateurs. Nachdem er jahrelang nur am Wochenende gemalt hatte, gab er mit vierzig seine Arbeit als Zollbeamter auf, um nur noch zu malen. Allein der Spitzname *Le Douanier*, Der Zöllner, blieb ihm. Es machte ihm nichts aus, in einem einzigen kleinen Zimmer zu leben, weil er jeden Morgen, wenn er aufwachte, »seine Bilder ein wenig anlächeln« konnte. So jedenfalls berichtet Philippe Soupault.

Henri Rousseau mit seiner Geige, 1905.

Bevor zwei seiner Bilder 1905 für den Salon d'Automne angenommen wurden, war Rousseau ebenso arm wie seine Nachbarn. Er wanderte durch ganz Paris, seine Geige unter dem Arm, und gab Musikstunden, um Farbe und Leinwand bezahlen zu können. Später eröffnete er in seinem Atelier eine Malschule. Nach seinem Erfolg im Salon d'Automne wurde er von den anderen Künstlern der Avantgarde akzeptiert, von Henri Matisse, Georges Braque, Georges Rouault und Raoul Dufy, und Kunsthändler begannen, seine Bilder zu kaufen.
Ab 1907 lud Rousseau jeden Samstag Gäste ein, und in den folgenden Jahren wurden diese Einladungen für seine Freunde, Schüler und Nachbarn zu einer schönen Gewohnheit. Rousseau bereitete sein Zimmer sorgfältig vor. Er wischte den Fußboden und breitete einen Teppich aus, der ihn drei Bilder gekostet hatte. Das Bett wurde zusammengeklappt und in eine Ecke gestellt, auf dem Tisch wurden Weinflaschen aufgereiht. Rousseau empfing seine Gäste an der Tür wie ein gelernter Butler und geleitete sie in der Reihenfolge ihres Eintreffens an ihre Plätze. Die Stühle waren vor einer improvisierten Bühne angeordnet, und die Gäste waren aufgefordert, etwas vorzuführen. Es wurde viel getrunken und gelacht. Zuletzt spielte Rousseau auf der Flöte und tanzte vor dem Porträt seiner toten Frau, während ihm die Tränen übers Gesicht liefen.
An diesen *soirées familiales et artistiques* nahmen bekannte Künstler wie Apollinaire, Picasso, Braque, Max Jacob, Vlaminck, Brancusi, Jules Romains, Marie Laurencin, Philippe Soupault und andere teil. Der junge amerikanische Maler Max Weber, der damals in Paris war und ein enger Freund Rousseaus wurde, schrieb über ihn: »Dies ist ein Mann, ein Künstler, ein Dichter, dessen Freundschaft und Rat ich pflegen und in Ehren halten werde.«
Folgen Sie der Avenue du Maine, vorbei an der Rue Froidevaux. Biegen Sie dann nach links in die winzige Rue Auguste Mie ein und sofort nach rechts in die Rue Cels.

㉕ Atelier von Alexander Calder 7, rue Cels

In dem ebenerdigen Atelier stellte Alexander Calder im Januar 1927 zur Freude seiner Freunde Léger, Miró und Cocteau seinen Miniaturzirkus vor. Er baute auf einem grünen Teppichstreifen eine Miniaturarena auf und ließ darin Marionetten, Hunde, Schlangenmenschen, Trapezkünstler und Akrobaten ihre Kunststücke vorführen. Der Zirkus ist heute im Whitney-Museum, New York, zu sehen.

Gehen Sie die Rue Cels weiter, biegen Sie nach links in die Rue Fermat, gehen Sie einen Häuserblock weit und biegen Sie dann nach links in die Rue Froidevaux ein.

An der rechten Seite liegt das Cimetière du Montparnasse. Auf dem alten Friedhof sind der Bildhauer Frederic August Bertholdi, der die Freiheitsstatue schuf, Henri Laurens und Constantin Brancusi begraben. Auch die Maler Henri Fantin und Chaim Soutine ruhen hier. Dem Sarg von Jean-Paul Sartre, der in der Nähe, am Boulevard Raspail, zusammen mit Simone de Beauvoir lebte, folgten 50 000 Trauernde. Das Grab von Tristan Tzara, für den das Telefonbuch Dichtung war, ziert eine schlichte Gedenktafel.

Alexander Calder in seinem Atelier 7, rue Cels.

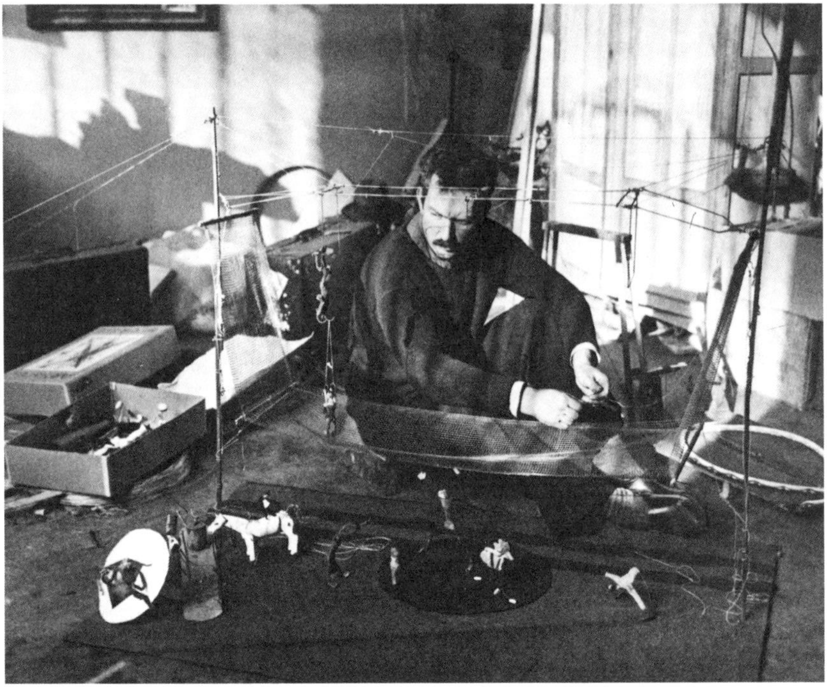

㉖ Atelier von Gerald Murphy 69, rue Froidevaux

Das dritte Gebäude – von der Straßenecke aus –, ein Backsteinhaus, fällt auf, weil es in Paris nur selten solche Häuser gibt. Es stammt aus der Zeit von Franz I. Hier hatte Gerald Murphy sein schlichtes Atelier. Um dem Handelsunternehmen seiner Familie zu entfliehen, hatte Murphy zunächst in Harvard Landschaftsarchitektur studiert. Als er kurz nach seiner Ankunft in Paris, im Herbst 1921, auf einem Spaziergang durch die Rue de la Boëtie im Fenster der Galerie Rosenberg zum erstenmal Bilder von Braque, Picasso und Juan Gris sah, rief er aus: »Wenn das Malerei ist, so ist es genau das, was ich tun möchte.«

Fernand Léger, der ihn stark beeinflußte, hielt Murphy für den einzigen amerikanischen Maler von Bedeutung. Murphys großflächige Bilder waren in den leuchtenden Farben von Plakaten gemalt. Kritiker betrachteten sie nicht als Kunst, sondern eher als Skizzen eines Architekten. Da Murphy glaubte, daß seine Bilder nie als große Malerei anerkannt würden, und es ohnehin zu viele zweitklassige Malerei auf der Welt gäbe, gab er Mitte der Zwanziger Jahre die Malerei auf.

Als Ernest und Hadley Hemingway sich im August 1926 trennten, überließ Murphy Hemingway sein nur mit einem Bett und einem Tisch eingerichtetes Atelier. Hier las Hemingway die Korrekturfahnen von *Fiesta*.

Gehen Sie bis zur vierten Straßenecke zurück, biegen Sie nach rechts in die Rue Lalande ein und dann in die erste Straße links, in die Rue Daguerre.

㉗ Wohnung von Alexander Calder 22, rue Daguerre

Im Winter 1926 lebte Alexander Calder hier in einer Hinterhauswohnung im zweiten Stock. Statt zu malen, stellte er kleine sonderbare Figuren aus Draht her – angeregt von William Carlos Williams. Eines seiner ersten Modelle war eine Drahtfigur von Josephine Baker. Eine Reihe anderer Gestalten schlenkerten an Bindfäden herum, und wegen dieser Bewegungen nannte sie Calders Freund Marcel Duchamp »Mobiles«. Diese neue Kunstform brachte Calder internationalen Ruhm ein.

Gehen Sie die Rue Daguerre wieder zurück und wenden Sie sich nach rechts in die Rue Boulard, die nach der Kreuzung mit der Rue Froidevaux zur Rue Schoelcher wird.

㉘ Wohnung von Pablo Picasso 5 bis, rue Schoelcher

An einem kalten Winterabend im Jahr 1914 gingen Picasso, seine Geliebten Eve (Marcelle Humbert), Alice B. Toklas und Gertrude Stein den Boulevard Raspail hinunter. »Nichts in der Welt ist kälter als der Boulevard Raspail an einem kalten Winterabend«, schreibt Gertrude Stein in der *Autobiographie von Alice B. Toklas,* »wir pflegten ihn den Rückzug aus Moskau zu nennen. Ganz plötzlich fuhr eine große Kanone die Straße entlang, die erste, die wir je gemalt, das heißt in Tarnung gesehen hatten. Pablo blieb stehen, er war wie gebannt. *C'est nous qui avons fait ça,* das haben wir ja gemacht, rief er. Und er hatte recht, er hatte es gemacht. Von Cézanne über

Picasso in seinem Atelier, 5 bis, rue Schoelcher, 1916.

ihn waren sie dorthin gekommen. Seine Vermutung stimmte.« (S. 106)
Für Gertrude Stein sind die Landschaftsbilder, die Picasso auf seinen Sommerreisen in Spanien malte, der Beginn des Kubismus. Die Darstellung der Häuser, deren Linien nicht denen der Landschaft folgen, sondern sie durchkreuzen und in sie hineinschneiden, so daß man die Häuser nicht mehr von der Landschaft unterscheiden kann, war für sie typisch spanisch. Auch die Farben seiner Landschaften, blasses Silbergelb mit einer Andeutung von Grün, waren spanisch. Nach Gertrude Stein ist der Kubismus »eine rein spanische Idee«, nur Spanier könnten Kubisten sein, und der einzige wahre Kubismus sei der von Picasso und Juan Gris (vgl. *ebd.* S. 107).
Als Picasso 1913–16 hier wohnte, malte er in leuchtenden Farben und abstrakten Formen. 1915 kehrte er in seinen Zeichnungen und Porträts zu einer realistischen Auffassung zurück. Er soll gesagt haben: »Bei jedem Bild, das ich anfange, habe ich das Gefühl, ich stürze mich ins Leere.«
Wenden Sie sich am Boulevard Raspail nach links und überqueren Sie ihn. Die beiden nächsten Ziele befinden sich auf der anderen Straßenseite.

㉙ Wohnung von Mariette Mills Rue Boissonade

Die Bildhauerin Mariette Mills lebte in dieser Straße in einem hübschen Atelier, wo genau, läßt sich nicht mehr feststellen. Robert McAlmon berichtet: »Wenn Picabia, Léger, Brancusi, Mina Loy und Marcel Duchamp bei Mariette Mills zum Essen eingeladen waren, war die Unterhaltung dort lebhafter und intelligenter als vermutlich sonst irgendwo in Paris.« (*Being Geniuses Together,* S. 111)

㉚ Wohnung von Mildred Aldrich Rue Boissonade und Boulevard Raspail

Nach einer erfolgreichen Karriere als Redakteurin und Theaterkritikerin in Neuengland beschloß Mildred Aldrich, ihren Lebensabend in Frankreich zu verbringen, da sie ihrer Meinung nach nicht mehr nach Amerika, in

Mildred Aldrich in ihrem Ponywagen.

»das Land der Jungen, der Tatkräftigen und der Ehrgeizigen, genau das Richtige für die sehr Reichen und die Arbeiterklasse«, paßte. Seit etwa 1900 lebte sie hier im obersten Stock eines Eckhauses, bis sie sich 1914 aufs Land, in das wenige Stunden von Paris entfernte Dorf Huiry auf dem Marne-Plateau, zurückzog.
Gertrude Stein und Mildred Aldrich waren seit 1903, seitdem die Stein in Paris wohnte, eng befreundet. Wie später Alice B. Toklas bewunderte auch Mildred Aldrich Gertrude Stein sehr, und alles, was diese sagte oder tat, hielt sie für bemerkenswert. Im Marnetal entstand das Buch *Hilltop on the Marne,* eine Beschreibung der Marneschlacht im September 1914. Von ihrem kleinen Haus aus über der Marne konnte Mildred Aldrich die blutige Schlacht beobachten und half später bei der Versorgung der Verwundeten. Das Buch erschien 1915 in den USA und wurde ein großer Erfolg.

Gehen Sie wieder auf die linke Seite des Boulevard Raspail.

31 Wohnung von Pablo Picasso 242, bd. Raspail

Bevor Picasso in die Rue Schoelcher zog (vgl. S. 128f.), kam er vom Montmartre 1912 (vgl. S. 37) hierher. Da die Mieten am idyllischen Hügel im Norden der Stadt anstiegen, zogen die Künstler über die Seine nach Süden, in das Viertel Montparnasse, das so zu einem Zentrum der modernen Malerei wurde. In dieser Zeit war Picasso bereits regelmäßig zu Gast bei Gertrude Stein. Alice B. Toklas beschreibt ihn als »sehr dunkel, mit schwarzem Haar; eine Strähne hing immer über einem seiner großartigen, alles sehenden schwarzen Augen.« (*What Is Remembered, S. 27*) Als Gertrude Stein eines Tages ihre Visitenkarte bei Picasso zurückließ, da sie ihn nicht angetroffen hatte, klebte Picasso die Karte kurzerhand auf eine Leinwand – ein kubistisches *papier collé* war entstanden.

32 Die frühere Gypsy-Bar Boulevard Raspail und Boulevard Edgar Quinet

Im Frühling 1921 trafen sich Joyce, McAlmon und der englische Schriftsteller Wyndham Lewis allabendlich in der Gypsy-Bar und blieben manchmal bis zur Morgendämmerung. Nach einigen Drinks rezitierte Joyce Passagen aus seinen eigenen Büchern oder aus Dante und Lewis aus Verlaines Werken.

㉝ Das frühere Theater von Edward Titus 216, bd. Raspail

In diesem Haus, das Edward Titus 1929 bauen ließ, war auch sein »kleines amerikanisches Theater« mit 300 Plätzen untergebracht. Das Theater wurde von seiner Frau, Helena Rubinstein, finanziert, und Titus führte nur Stücke der Avantgarde in französischer, englischer und italienischer Originalsprache auf. Die Vorstellungen waren ausschließlich geladenen Gästen vorbehalten. Die französische Regierung schloß das Theater jedoch, da in den Stücken angeblich der französische Staat angegriffen wurde.

㉞ Hôtel Raspail Boulevard Raspail und Rue Delambre

Als Samuel und Riva Putnam und ihr sechs Monate alter Sohn Hilary Anfang 1927 zum erstenmal nach Paris kamen, stiegen sie in diesem Hotel ab. Putnam, Kunst- und Literaturkritiker bei der *Chicago Evening Post,* war es, demgegenüber Gertrude Stein bestimmte: »Die Literatur des 20. Jahrhunderts ist Gertrude Stein.« Für sie waren die vier großen amerikanischen Schriftsteller Edgar Allen Poe, Walt Whitman, Henry James und sie selbst. Edward Titus gab 1930 die *Memoiren* von Kiki, dem berühmten Modell vom Montparnasse, in der englischen Übersetzung von Samuel Putnam heraus. Die Einführung dazu schrieb Hemingway.

Überqueren Sie den Boulevard Raspail und gehen Sie die andere Straßenseite hinunter.

㉟ Hôtel Carlton Palace 207, bd. Raspail

Wegen der Bedeutung europäischer Musiker wie Strawinsky, Ravel, Schönberg, Strauss und Satie kamen viele junge Musikstudenten aus den Vereinigten Staaten nach Paris. Sie alle studierten bei Nadja Boulanger, was als Höhepunkt ihrer beruflichen Ausbildung galt. »In Amerika war die Musikausbildung vorwiegend deutsch und altmodisch, aber Boulanger, in Paris«, so meint Copland, »kannte ›von prae-Bach bis post-Strawinsky‹ einfach alles.« (Vgl. Fitch, *Sylvia Beach,* S. 169) Copland wohnte 1921/22 im Carlton Palace.

Folgen Sie dem Boulevard Raspail weiter bis zur Rue Campagne-Première und wenden Sie sich an dieser Ecke nach links.

Titelblatt der englischen Ausgabe der »Memoiren« von Kiki, erschienen 1930.

Man Ray in seinem Atelier 31, rue Campagne-Première.

36 Das Atelier von Man Ray
31, rue Campagne-Première

Anderthalb Jahre, von Juli 1922 an, lebte der Fotograf Man Ray in diesem Haus in einem winzigen Atelier, in das er ein Bett, drei große Kameras und Lampen zwängte. Ein eingebauter Schrank diente als Dunkelkammer. Kiki, seit ihrem 14. Lebensjahr Prostituierte am Montparnasse, lebte sechs Jahre mit ihm zusammen. Sie war sein Modell, aber sie saß auch Chaim Soutine, Maurice Utrillo, Marc Chagall und Amedeo Modigliani.
Man Ray fotografierte Gertrude Stein so oft, daß er behauptete, er sei ihr offizieller Fotograf. Gertrude Stein schreibt, daß die Art, wie er mit dem Licht arbeitete, sie immer fasziniert habe. Von den Sitzungen kam sie jedesmal in angeregter Stimmung nach Hause.

Kiki de Montparnasse, um 1925, fotografiert von Man Ray.

Gertrude Stein, um 1926, fotografiert von Man Ray.

37 Hôtel Istria, Wohnung von Man Ray und Erik Satie
29, rue Campagne-Première

1931 zog Man Ray aus seinem Atelier in Nr. 31 in dieses Hotel um. Er hatte sich von Kiki getrennt und verdiente nun so viel Geld, daß er sich ein richtiges Atelier leisten konnte. Der französische Schriftsteller Maurice Sachs nannte Man Ray »einen der talentiertesten und beliebtesten Fotografen von Paris«. Seine Fotos des Pariser *beau monde* machten ihn zu einem wohlhabenden Mann, aber er fotografierte auch alle bedeutenden Schriftsteller wie Joyce, Pound und Hemingway.
In diesem Hotel verbrachte auch der Komponist Erik Satie seine letzten freudlosen Jahre in selbstverschuldeter Armut. Satie beschrieb seine Art zu

Ezra Pound, um 1923, fotografiert von Man Ray.

komponieren einmal so: »Bevor ich etwas schreibe, gehe ich mehrere Male drumherum, von mir selbst begleitet.« Wie die Surrealisten hielt es auch Satie für die Aufgabe des Künstlers, das Publikum zu schockieren.

1916 arbeitete er mit Jean Cocteau zusammen an *Parade* für Diaghilews Ballets Russes. Das Werk ist Ausdruck der gesamten französischen Kunst der Zwanziger Jahre, eine gewollt absurde, aber humorvolle Mischung aus Jazz und populärer französischer Tanzmusik. Bühnenausstattung und Kostüme hatte Picasso entworfen, eine Kombination aus seiner Harlekin- und seiner geometrisch-kubistischen Periode. Im Programmtext benutzte Apollinaire das Wort »Surrealismus«, um das Stück zu charakterisieren. Die Aufführung im Jahre 1917 erhielt vernichtende Kritiken von konservativer Seite.

Während ihrer Zusammenarbeit lud Picasso Satie zu einem Besuch bei Gertrude Stein ein, die diesen als charmanten Dinner-Gast beschreibt. Im Lauf ihrer langen Freundschaft mit Virgil Thomson lernte Gertrude Stein auch Saties Musik schätzen.

Satie, ebenso exzentrisch wie anspruchslos, wich bescheiden dem Rampenlicht der Öffentlichkeit aus. Er badete nie, sondern zog es vor, sich einmal im Monat von Kopf bis Fuß mit Bimsstein abzureiben. Als er ins Hôtel Istria zog, litt er unter ständigen Schmerzen, die von einer Leberzirrhose und einer Pleuritis herrührten. Vom Hotel aus wurde er in das Hôpital Saint-Joseph gebracht, wo er am

Erik Satie, um 1910.

1. Juli 1925 mit 59 Jahren starb. Nach seinem Tod fand man Briefe von den bedeutendsten Künstlern, Philosophen, Komponisten und Schriftstellern des 20. Jahrhunderts an ihn: Sie lagen unter seinem Bett, alle ungeöffnet und offensichtlich ungelesen.
Igor Strawinsky, der Satie zum erstenmal bei Claude Debussy traf, sagte nach dieser Begegnung: »Ich mochte ihn sofort. Er war ein schlauer Fuchs, durchtrieben und auf intelligente Weise ungezogen.«

38 Das Atelier von Malvina Hoffman 17, rue Campagne-Première

Diese malerische Sackgasse wird auch Sie entzücken, wenn Sie sie betreten. Irgendwo an diesem einladenden Ort – vielleicht in dem dreistöckigen Gebäude links von Ihnen mit dem Basrelief über der Tür oder in dem gegenüberliegenden Gebäude – befand sich Malvina Hoffmans Atelier. Robert Bacon, der amerikanische Botschafter in Frankreich, war 1910 »Gegenstand« ihrer ersten Auftragsarbeit. Als Helena Rubinstein das Zentrum ihres Kosmetikimperiums in der eleganten Fifth Avenue in New York einrichtete, ließ sie von Malvina Hoffman die Basreliefs gestalten.

39 Wohnung von Matthew Josephson und Arthur und Florence Gilliam Moss 17, rue Campagne-Première

Der Biograph Matthew Josephson kämpfte 1921 hier in einem billigen, armselig eingerichteten Atelier ums Überleben. Zusammen mit Tristan Tzara, Man Ray und den anderen Dadaisten und Surrealisten verbrachte er lange Abende. Josephson wurde vor allem durch seine Biographien von Victor Hugo, Emile Zola, Stendhal und Thomas Edison bekannt.
Arthur Moss und Florence Gilliam Moss, die Herausgeber der Zeitschrift *Gargoyle,* lebten ebenfalls hier. Als die Zeitschrift nach einem Jahr einging, wurde Florence Gilliam Moss Korrespondentin für verschiedene Theaterzeitschriften und schrieb Rezensionen für *Paris Tribune*. Wie andere in Paris lebende Amerikanerinnen, wie Sylvia Beach, Natalie Barney, Gertrude Stein und Alice B. Toklas, hatte auch sie nie vorgehabt, Frankreich je wieder zu verlassen, aber 1941 ging sie nach New York zurück.
Wenden Sie sich am Boulevard du Montparnasse nach rechts und überqueren Sie ihn nach zwei Häuserblocks.

40 La Closerie des Lilas 171, bd. du Montparnasse

»Ich ging... die Rue Notre-Dame-des-Champs hinauf bis zur Closerie. Ich saß in einer Ecke, und das nachmittägliche Licht fiel über meine Schulter ein, und ich schrieb in mein Notizbuch. Der Kellner brachte mir einen *café crème*, und ich trank ihn halb aus, nachdem er abgekühlt war, und ließ ihn auf dem Tisch stehen, während ich schrieb. Als ich mit Schreiben aufhörte, wollte ich den Fluß nicht verlassen, in dem ich die Forellen in der Vertiefung sehen konnte und dessen Oberfläche gegen den Widerstand der eingerammten

Ernest Hemingway, Paris 1924.

Holzpfähle der Brücke andrängte und leicht anschwoll. Die Geschichte handelte von der Heimkehr aus dem Krieg, aber der Krieg wurde in ihr nicht erwähnt ...« (*Paris – ein Fest fürs Leben*, S. 234), berichtet Hemingway, wie er in der Closerie des Lilas einen großen Teil seines Romans *Fiesta* schrieb und dabei auf die Statue eines seiner Lieblingshelden, des Marschall Ney, hinausschaute. Bei gutem Wetter saßen Hemingway und sein häufiger Gefährte John Dos Passos an einem Tisch im Garten zwischen den beiden Boulevards. Ein andermal lasen sie einander unter einem Fliederbusch aus ihrem Lieblingsbuch vor, nämlich dem Neuen Testament.

Als Hemingway eines Tages mit F. Scott Fitzgerald dort saß, bat ihn dieser, das Manuskript seines Romans *Der große Gatsby* (*The Great Gatsby*, 1925) zu lesen. Hemingways Urteil darüber: »Als ich mit dem Buch fertig war, wußte ich, daß, ganz gleich, was Scott tat noch wie er sich benahm, ich daran denken mußte, daß es eine Art Krankheit sei und daß ich ihm helfen mußte, soweit ich konnte, und versuchen mußte, ein guter Freund zu sein. Er hatte viele gute, gute Freunde, mehr als irgend jemand, den ich kannte. Aber ich merkte mich als ein weiterer vor, ob ich ihm von Nutzen sein konnte oder nicht. Wenn er ein so fabelhaftes Buch wie der große Gatsby schreiben konnte, war ich sicher, daß er sogar ein noch besseres schreiben konnte.« (*Paris – ein Fest fürs Leben*, S. 290)

Achten Sie auf die Messingschilder, die auf die Lieblingsplätze so berühmter Gäste wie André Gide, Amedeo Modigliani, Guillaume Apollinaire hinweisen. Lenin und Trotzki spielten manchmal eine Partie Schach an dem Tisch in der Nähe des Eingangs zur Bar.

Fünfter Spaziergang
Im Herzen der Bohème

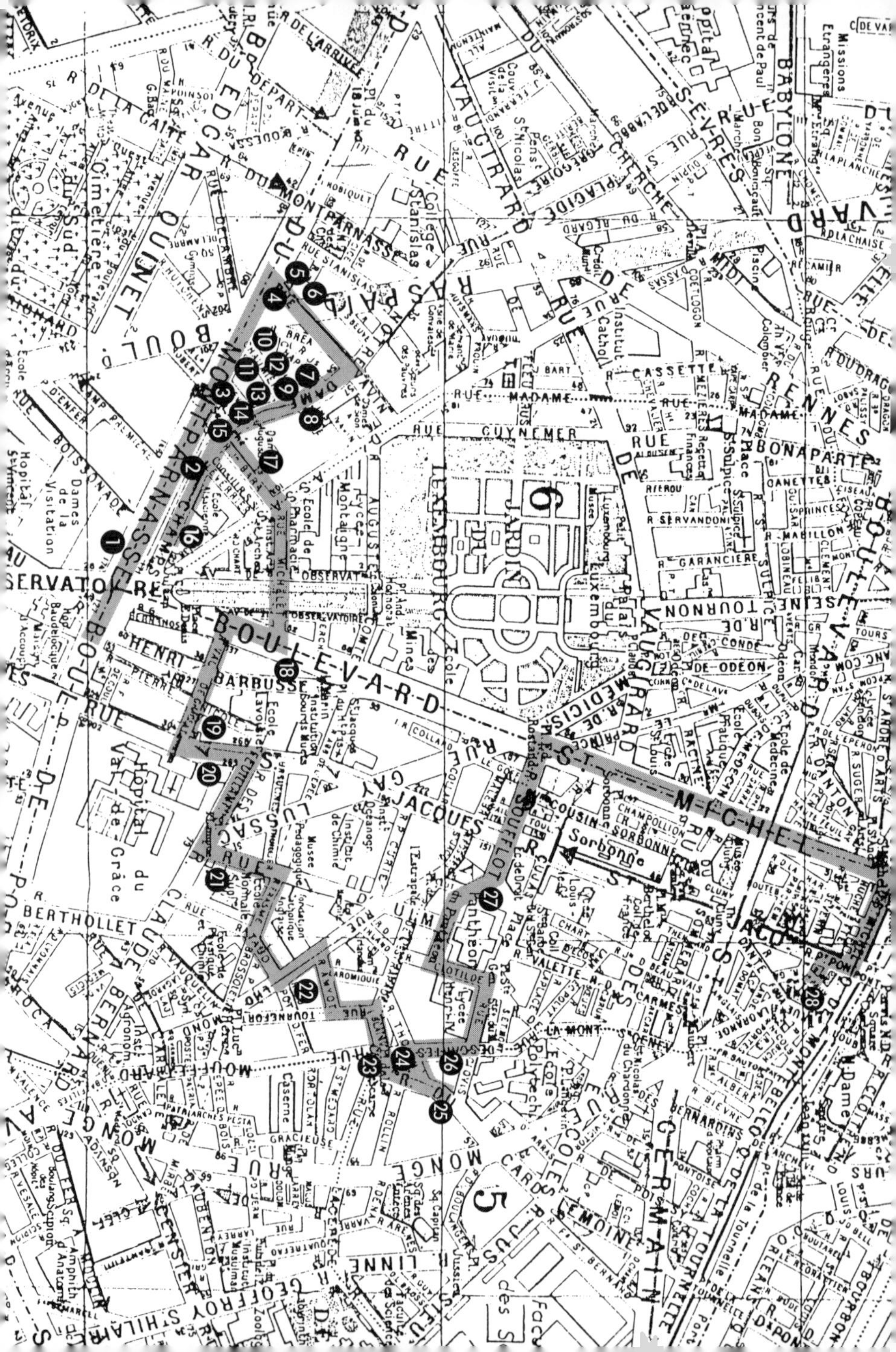

BOULEVARD DU MONTPARNASSE
BOULd EDGAR QUINET
R. DU MONTPARNASSE
Cimetière du Sud
RUE DE VAUGIRARD
RUE DE SEVRES
RUE DE BABYLONE
BOULEVARD RASPAIL
RUE D'ASSAS
RUE NOTRE DAME DES CHAMPS
RUE STANISLAS
Collège Stanislas
R. DU REGARD
R. CASSETTE
RUE MADAME
RUE GUYNEMER
RUE BONAPARTE
RUE DE RENNES
R. SERVANDONI
R. GARANCIERE
R. MABILLON
R. DE TOURNON
JARDIN DU LUXEMBOURG
6
Lycée Montaigne
AV. DE L'OBSERVATOIRE
BOULEVARD DE PORT-ROYAL
HENRI BARBUSSE
RUE DE MEDICIS
BOULEVARD ST-MICHEL
RUE ST-JACQUES
RUE GAY LUSSAC
RUE SOUFFLOT
Sorbonne
Panthéon
Hôpital du Val de Grâce
RUE CLAUDE BERNARD
R. BERTHOLLET
RUE D'ULM
RUE MOUFFETARD
RUE MONGE
RUE LHOMOND
RUE DES ÉCOLES
RUE CARDINAL LEMOINE
BOULEVARD ST-GERMAIN
RUE GEOFFROY ST-HILAIRE
RUE LINNÉ
5
1
2
3
4
5
6
7
8
9
10
11
12
13
14
15
16
17
18
19
20
21
22
23
24
25
26
27
28

Métro und Schnellbahn (RER): Port Royal
Busse: 21 und 68

Verlassen Sie die Métro-Station Port Royal und gehen Sie rechts den Boulevard Montparnasse hinunter. Das erste Ziel befindet sich auf der anderen Straßenseite.

❶ Wohnung von Katherine Anne Porter 166, bd. du Montparnasse

Die »Autorin einer Autorin«, wie man Katherine Anne Porter genannt hat, berichtet in ihrem Roman *Das Narrenschiff* (*Ship of Fools*, 1962) von ihrer ersten abenteuerlichen Europareise auf einem Schiff von Mexiko nach Deutschland. Mary Treadwell, eine Figur im Roman, sehnt sich nach Paris, und die Autorin drückt darin ihre eigenen Empfindungen und Erinnerungen an die Zeit aus, in der sie in Paris lebte: »Ich möchte wieder dort leben. Ich möchte in dieser dunklen Gasse wohnen, die Impasse des Deux Anges heißt, ich möchte mir im Cluny diese mit Edelsteinen besetzten, kleinen, spitzen blauen Samtschuhe kopieren lassen und meine Parfums bei Molinard kaufen, ich möchte zur Frühjahrsmodenschau bei Schiaparelli gehen ... Ich habe nie solche Regenbogen gesehen wie über der Stadt Paris, ich habe auch nie solchen Regen gesehen ... O Gott, ich habe Heimweh. Ich werde nie wieder von Paris fortgehen, das verspreche ich dir, wenn du mich dieses eine Mal noch hinkommen läßt. Und wenn eines Tages alle Menschen die Stadt verlassen und auf dem Pflaster Gras wächst – es würde für mich immer noch Paris sein, ich würde immer noch dort leben wollen. Ich fände es herrlich, Paris ganz für mich allein zu haben, und wäre es nur für einen Tag. Während hinter ihren geschlossenen Lidern seltsam beglükkende Tränen aufstiegen, glitt sie langsam aus ihrem Wachtraum in ruhigen Schlaf.« (S. 221 f.)
Folgen Sie weiter dem Boulevard du Montparnasse.

Katherine Anne Porter, Paris, Anfang der dreißiger Jahre.

❷ Das frühere Hôtel Vénétia 159, bd. du Montparnasse

Edna St. Vincent Millay lebte 16 Monate lang allein in Paris (vgl. S. 51 f.). Sie fühlte sich schließlich so einsam, daß sie im Frühjahr 1922 ihre Mutter zu sich in das Hôtel Vénétia einlud. Im November 1922 erschien in *Vanity*

Fair Millays Artikel *Diary of an American Art Student in Paris Showing How She Succeeded in Going to the Louvre Every Day.*

❸ Die frühere Bar Le Jockey 127, bd. du Montparnasse

Le Jockey wurde 1923 von dem Dichter Arthur Moss und dem Maler Hilaire Hiler eröffnet. Die Wände hatte Hiler mit Szenen aus Bistros und Kabaretts bemalt. Später änderte sich sein Stil, seine Bilder wurden streng und mathematisch, bis er schließlich zum abstrakten Maler wurde.
Beinahe jeder, der in der Literatur-, Kunst- und Musikszene im damaligen Paris eine Rolle spielte, tauchte irgendwann an den Tischen des Jockey auf. Zu den Stammgästen gehörten Jean Cocteau, Man Ray, Robert McAlmon, Marcel Duchamp und Louis Aragon.
Gehen Sie auf dem Boulevard du Montparnasse weiter und überqueren Sie den Boulevard Raspail.

❹ Café de la Rotonde 103, bd. du Montparnasse

»Sie können hier alles nur mögliche treffen, nur keine wirklichen Künstler.

Vor Hilers Jockey Club, in den dreißiger Jahren. Sitzend: Tzara (li.), Cocteau (re.). Stehend: Man Ray (li.), Hiler (2. von li.) und Pound (Mitte).

Picasso mit Amedeo Modigliani (li.) und André Salman vor der Rotonde, um 1915.

Der Jammer ist, daß sich die Leute, die ins Quartier kommen und die Rotonde besichtigen, einbilden, sie hätten die wahren Künstler von Paris vor sich. Ich möchte das gerne berichtigen, öffentlich. In Paris leben die glaubhaften, die arbeitenden Künstler für sich und scheren sich nicht um die Brut in der Rotonde«, schrieb Hemingway über die Rotonde in den *49 Depeschen* (S. 325). Dennoch galt sie, bestehend aus Café, Restaurant, Nachtclub und Bildergalerie, als die Heimat der Revolutionäre und Bohémiens. Guillaume Apollinaire, Pablo Picasso, Max Jacob und Amedeo Modigliani waren oft hier, und als Edna St. Vincent Millays Mutter zu Besuch war, aßen die beiden jeden Tag hier. In einem Brief an ihre Schwester nannte Edna das Café »den berüchtigten Sündenpfuhl des Quartier Latin«. (*Letters*, S. 150).

❺ Café Le Sélect
99, bd. du Montparnasse

Jedes einzelne der vielen, bei Malern und Schriftstellern beliebten Cafés war unverwechselbar. Im Sélect wurde über Pferde und Rennen geredet. Harold Stearns nannte es ein »brodelndes Tollhaus voller Betrunkener, Halbbetrunkener, Viertelbetrunkener und nüchterner Wahnsinniger. Ein sinnloses Leben, und doch sehne ich mich jeden Tag dorthin zurück.«

Man konnte hier jeden treffen. Hemingway und Morley Callaghan pflegten am ersten Tisch rechts von der Tür zu sitzen, die zur Bar führt. Eines Abends, als Callaghan auf dem Weg ins Sélect war, um seine Frau zu treffen, begegnete er Hemingway und Joan Miró. Hemingway schlug vor, Callaghan zu begleiten. Als die drei im Café ankamen, machte Hemingway Loretta Callaghan mit Miró bekannt, und sie verbrachten den Abend zusammen. Callaghan meinte später, Miró habe gespürt, daß Loretta ihn habe kennenlernen wollen, und er habe sich große Mühe gegeben, ihr zu gefallen.

Biegen Sie nach rechts in die Rue Vavin ein.

❻ Wohnung von Harold Stearns
50, rue Vavin

Stearns lebte von 1921 an in Paris. Seit 1925 schrieb er die Kolumne über Pferderennen für *Paris Tribune*. In Hemingways Roman *Fiesta* ist Stearns als Harvey Stones porträtiert. Stearns, ein starker Trinker, kehrte 1932 völlig abgebrannt in die Staaten zurück und veröffentlichte zwei Jahre später sein Buch *Rediscovering America.* Er gab zwar jungen Amerikanern den Rat, ins Ausland zu gehen, um ihre Kreativität zu entwickeln, er selbst jedoch schrieb seine besten Sachen in seinem Heimatland.

Folgen Sie der Rue Vavin, überqueren Sie den Boulevard Raspail und biegen Sie nach rechts in die Rue Notre-Dame-des-Champs ein.

❼ Wohnung von Ezra und Dorothy Pound
70 bis, rue Notre-Dame-des-Champs

1921 lebten hier Ezra Pound und seine Frau Dorothy. Aus ihrer Wohnung im hinteren Teil des zweiten Stocks, nach Hemingway »ebenso ärmlich, wie das Studio von Gertrude Stein üppig war«, blickte man in den Garten. Den niedrigen Teetisch hatte Pound selbst aus rohen Brettern zusammengenagelt, zwei Lehnstühle aus Brettern und Segeltuch. Kisten dienten als Tische und andere Möbelstücke. Hemingway schreibt: »Ezra Pound war stets ein guter Freund, und er tat stets etwas für andere. Das Studio in der Rue Notre-Dame-des-Champs ... hatte sehr gutes Licht und wurde von einem eisernen Ofen geheizt, und an den Wänden hingen Malereien von japanischen Künstlern, die Ezra kannte ... Dorothys Bilder gefielen mir sehr gut, und ich fand, daß Dorothy wundervoll gewachsen und sehr schön war ...« (*Paris – ein Fest fürs Leben,* S. 249)

Trotz der ärmlichen Einrichtung ging es auf Pounds Partys verschwenderisch zu. Pound, weit herum bekannt für diese Partys, auf denen er oft ausgelassen tanzte, war ein hervorragender Gastgeber. »Wer Ezra Pound nicht seinen Charleston hat tanzen sehen, die Augen geschlossen, die Schuhspitzen behende von rechts nach links wechselnd, hat eins jener Schauspiele verpaßt, die uns mit dem Leben versöhnen«, war Sisley Huddlestons Kommentar.

Pound war 1920 nach Paris gekommen, »um die amerikanische Literatur vor einem verfrühten Selbstmord und vor dem Zerfall zu retten«. Nachdem er 14 Jahre in London gelebt hatte, galt er jetzt als einer der großen Dichter. Als er hier wohnte, arbeitete er an seinen Cantos. Er begann auch die Oper *Le Testament,* für deren Libretto er Texte von Villon verwendete und aus der 1925 in Paris Ausschnitte mit großem Erfolg aufgeführt wurden.

Als William Carlos Williams von Brancusi erfuhr, daß Pounds Oper im Théâtre des Champs-Elysées aufgeführt worden war und dieser sie als Skandal bezeichnete, meinte er: »Pound und eine Oper schreiben? Der kann doch eine Note nicht von der anderen unterscheiden.«

Das Ehepaar verließ Paris in den dreißiger Jahren, um sich in Italien niederzulassen, und 1934–36 bewohnte Katherine Anne Porter, inzwischen als Schriftstellerin anerkannt, das Gartenhaus. Für ihren erfolgreichen Erzählband *Judasblüten* (*Flowering Judas,* 1930) hatte sie ein Guggenheim-Stipendium erhalten, mit dem sie vier Jahre in Paris leben konnte.

Sylvia Beach erinnert sich an einen Besuch bei Katherine Anne Porter, an deren dicken Kater und an das Essen in dem hübschen Hof. In ihrer Buchhandlung Shakespeare and Company

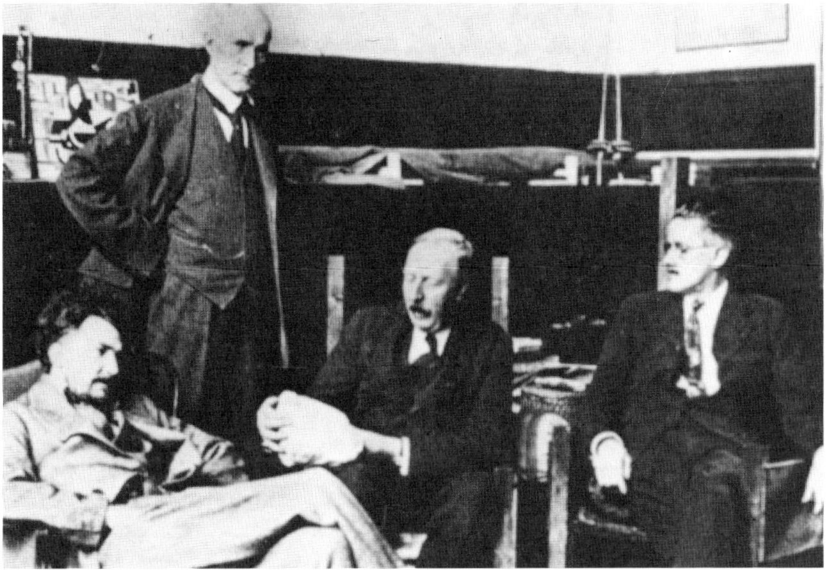

**In Pounds Wohnung, 70, rue Notre-Dame-des-Champs, 1923:
Ezra Pound, John Quinn, Ford Madox Ford und James Joyce (von li. nach re.).**

stellte ihr Sylvia Beach Hemingway mit der Bemerkung vor: »Ich möchte, daß sich die besten modernen amerikanischen Schriftsteller kennenlernen.« (Vgl. Fitch, *Sylvia Beach*, S. 367)
Als Katherine Anne Porter im März 1933 Eugène Pressly heiratete, waren Sylvia Beach und Adrienne Monnier Trauzeugen. Im Herbst 1936 kehrte sie in ihre Heimat, nach Texas, zurück, blieb aber ihr ganzes Leben lang mit Sylvia Beach befreundet.
Nach Katherine Anne Porter »waren die Zwanziger Jahre in Paris seicht und albern«, und sie hielt weder F. Scott Fitzgerald noch Hemingway für große Schriftsteller. »Ich halte Hemingway für einen Hochstapler, mit dem man sich nicht ernsthaft auseinanderzusetzen braucht.«

8 Wohnung von Alice B. Toklas und Harriet Levy 75, rue Notre-Dame-des-Champs

Im September 1907 fuhr Alice B. Toklas nach Frankreich, begleitet von Harriet Levy, ihrer Freundin aus San Francisco. Nachdem die beiden in zwei oder drei Hotels gewohnt hatten, mieteten sie hier im ersten Stock eine Vierzimmerwohnung mit Küche. Ein Badezimmer gab es nicht. Harriet Levy besorgte Teppiche und einen antiken Tisch, Alice B. Toklas nähte Gardinen und kaufte Hocker.
Morgens pflegte Alice B. Toklas zu Fuß zu Gertrude Steins Wohnung in der Rue de Fleurus zu gehen, wo sie das abtippte, was Gertrude Stein in der Nacht geschrieben hatte. Eines

Abends, als sie nach Hause ging, erschreckten sie Schritte, die ihr folgten. Es war Henri Rousseau, der sie milde tadelte, weil sie nach Einbruch der Dunkelheit noch allein auf der Straße war. Während er sie nach Hause begleitete, sagte er ihr, daß sie große Ähnlichkeit mit seiner toten Frau habe.
Harriet Levy reiste 1912 nach San Francisco zurück, und Alice B. Toklas zog zu Gertrude und Leo Stein in die Rue de Fleurus.

❾ Atelier von Malvina Hoffman
72, rue Notre-Dame-des-Champs

Von der anderen Straßenseite aus können Sie in dem dreistöckigen Gebäude die Dachfenster sehen, die zum Atelier der Bildhauerin Malvina Hoffman gehörten und sie mit dem berühmten Nordlicht versorgten. Sie selbst behauptete, ihr Atelier gleiche einem Bühnenbild aus der Oper *La Bohème*.
Malvina Hoffman kam 1910 im Alter von 23 Jahren nach Paris, um Bildhauerei zu studieren. 1927 kaufte sie einen Bauplatz am Rand des Montparnasse und entwarf selbst die Pläne für das Haus, in das sie im folgenden Sommer einzog. Dort arbeitete sie bis 1938, verbrachte dann die Kriegsjahre in Amerika und kehrte 1948 nach Paris zurück. Als sie ihr Haus 1961 verkaufte, hatte sie fast 50 Jahre lang in Paris gelebt.
Biegen Sie nach rechts in die Rue de la Grande-Chaumière ein.

❿ Hôtel Libéria
9, rue de la Grande-Chaumière

1926 wohnte der Schriftsteller Nathanael West drei Monate hier. Wie viele amerikanische Schriftsteller kam auch er in den Zwanziger Jahren nach Paris, um dem bedrückenden kulturellen Klima in den Vereinigten Staaten zu entkommen. In seinem Roman *Miss Lonelyhearts* (1933) schildert er diese Flucht.
Von 1935 bis zu seinem Tod 1940 lebte West als Drehbuchautor in Hollywood. Er schrieb u. a. *The Day of the Locust* (1939), einen der besten Hollywoodromane. West kam am 22. Dezember 1940 in Südkalifornien bei einem Autounfall ums Leben, einen Tag später als sein Nachbar F. Scott Fitzgerald, der an einem Herzschlag starb.

⓫ Académie de la Grande-Chaumière
14, rue de la Grande-Chaumière

Viele Amerikaner studierten Kunst statt in New York an dieser Akademie, da sie wegen ihrer Disziplin unter den Studenten bekannt war. Alexander Calder, der 1926 zum Studium der Malerei nach Frankreich kam, berichtete: »Ich ging in die Académie, um zu zeichnen. Es gab keine Lehrer, nur ein Modell für Aktstudien, und jeder zeichnete für sich selbst.«

⓬ Das Atelier von Janet Scudder
Rue de la Grande-Chaumière

Irgendwo in dieser Straße war 1922 das Atelier von Janet Scudder. Sie hatte sich als Bildhauerin auf Garten-

Die amerikanische Bildhauerin Janet Scudder.

skulpturen spezialisiert, zum Beispiel Faune oder Knaben auf Delphinen oder auch Springbrunnen. Diese Skulpturen stehen heute im Metropolitan Museum of Arts in New York und in privaten Gärten. Samstags fanden bei Janet Scudder regelmäßig Nachmittagseinladungen statt, zu denen auch Gertrude Stein kam, ihre Freundin aus der Vorkriegszeit.

»Gertrude Stein nennt sie immer den Zinnsoldaten«, heißt es in der *Autobiographie von Alice B. Toklas,* »sie sagt nämlich, es gäbe nur zwei todernste Dinge auf Erden, den einfachen amerikanischen Soldaten und Janet Scudder, und Janet Scudder, sagte Gertrude Stein immer, habe auch alles Feine und Liebenswürdige und Tief-Einsame des gewöhnlichen amerikanischen Soldaten an sich.« (S. 244)

⓭ Wohnung von Amedeo Modigliani Rue de la Grande-Chaumière

Amedeo Modigliani lebte hier in einem Gebäude, das Nancy Cunard gehörte. Von 1919 bis zu Modiglianis Tod 1926 wohnte Jeanne Hébuterne, Modell vieler seiner Bilder und Mutter seines Kindes, mit ihm zusammen in dem bescheidenen Zimmer. Mit dem dunklen, gelockten Haar, in Cordhosen und gestrickten Pullovern sah Modigliani aus wie ein französischer Arbeiter. Er hinterließ wertvolle Porträts der Pariser Bohème, unter anderen eins von Jean Cocteau. Er schuf auch einige der schönsten Akte in der modernen Malerei. Vor seinem frühen Tod – Modigliani starb mit 36 Jahren an einer tuberkulösen Lungenentzündung und an Unterernährung – hatte er erklärt: »Jeanne und ich, wir haben uns zu ewigem Glück entschlossen.« Jeanne, die ihr zweites Kind erwartete, nahm sich am Tag nach seinem Tod das Leben (vgl. S. 151).

Kehren Sie wieder zur Rue Notre-Dame-des-Champs zurück, in die Sie nach rechts einbiegen. Gehen Sie einen Häuserblock weit, bis Sie auf der rechten Seite die kleine Rue de Chevreuse erreichen.

⑭ Reid Hall
4, rue de Chevreuse

Reid Hall wurde 1922 von Elizabeth Mills Reid, der Frau des amerikanischen Botschafters in Paris, als Zentrum für Studentinnen aus den Vereinigten Staaten und anderen Nationen der Welt gegründet. 1894 wohnte die Bildhauerin Janet Scudder im American University Women's Paris Club, dem Vorläufer von Reid Hall. Sie schrieb über ihr damaliges Leben: »Die Studentinnen, die in diesem Haus wohnten, kamen aus allen Zweigen der Kunst, aus der Malerei, Bildhauerei, Musik und Architektur. Schon allein, daß man hier mit so vielen zusammenlebte, die alle mit Begeisterung ihrer Arbeit nachgingen, war enorm anregend.«

Gehen Sie in den Hof und spazieren Sie durch den großen Garten. Gehen Sie dann zur Ecke Rue de Chevreuse/ Rue Notre-Dame-des-Champs zurück und wenden Sie sich nach rechts. Folgen Sie der Rue Notre-Dame-des-Champs.

⑮ Wohnung von James McNeil Whistler
86, rue Notre-Dame-des-Champs

James McNeil Whistler hatte 1893–1902 in diesem leicht heruntergekommenen Gebäude sein Atelier. Er starb ein Jahr später. Die enge Treppe – sie ist durch die Glasfassade zu erkennen – wand sich zu seinem Atelier im obersten Stock empor, von dem aus man den Jardin du Luxembourg sehen konnte. Hier arbeitete Whistler an seinen Radierungen und stellte über 400 Platten her. Er schrieb auch Essays, die 1890 in der Sammlung *The Gentle Art of Making Enemies* erschienen waren. Er war bekannt als ein Mann, der ehrlich in seinen menschlichen Beziehungen war, geistreich, sanft, mutig und gütig.

Whistler wurde in Amerika mit dem Porträt seiner Mutter, *Arrangement in Grey and Black Nr. 1* (1871/72) berühmt, das heute im Louvre hängt. Er verteidigte die moderne Kunst, wo er konnte, auch vor Gericht. Er bestand darauf, daß moderne Malerei, obwohl man gewisse Bilder auf den Kopf stellen oder seitlich aufhängen könne, ohne ihre Wirkung zu verändern, dennoch Kunst sei. Über das Porträt seiner Mutter schrieb er: »Für mich ist es als Bild meiner Mutter interessant, aber was kann oder soll das Publikum die Identität des Porträts angehen?«

⑯ Wohnung von Ernest und Hadley Hemingway
113, rue Notre-Dame-des-Champs

Von der Sägemühle, über der Ernest und Hadley Hemingway und ihr kleiner Sohn 1924 wohnten, ist nur der alte, mit Kopfsteinen gepflasterte Hof übriggeblieben. Der kleine Platz mit seinen drei Bäumen ist noch zu erkennen, umschlossen von alten Häusern, die so aussehen, als ob sie in den Zwanziger Jahren auch schon hier gestanden hätten. Eine Holztreppe führte in den zweiten Stock des damaligen Gebäudes, wo die Hemingways ein mittelgroßes Wohnzimmer, ein kleines Eßzimmer, ein kleines Schlafzimmer mit einem Ofen und einem Ankleidezimmer bewohnten, in dem

John Hadley, Bumby genannt, schlief. Außerdem gab es eine winzige Küche und eine Toilette, in der Wäsche und Waschutensilien untergebracht waren. In diese Wohnung schleppte Hemingway eines Tages das große Ölbild *La Ferme* von Joan Miró. Mit finanzieller Unterstützung seiner Freunde hatte er es seiner Frau zum 34. Geburtstag gekauft. Nach ihrer Scheidung 1926 lieh sich Hemingway das Bild aus, gab es aber nie zurück.

In *Paris – ein Fest fürs Leben* beschreibt Hemingway, wie er von der Closerie des Lilas zur Wohnung über der Sägemühle zu seiner wartenden Familie heimkommt. »Als ich nach Hause und in den Hof und nach oben kam und meine Frau und meinen Sohn und seine Katze, F. Puss, alle miteinander glücklich sah, und ein Feuer im Kamin brannte, sagte ich zu meiner Frau: ›Weißt du, Gertrude ist doch nett.‹ ›Natürlich, Tatie.‹ ›Aber sie redet wirklich manchmal eine Menge Quatsch.‹ ›Das höre ich ja nie‹, sagte meine Frau. ›Ich bin eine Ehefrau. Ihre Freundin unterhält sich mit mir.‹« (S. 211)

In dieser Zeit beschloß Hemingway, fortan als freier Schriftsteller zu leben. Der erste Entwurf von *Fiesta* entstand hier in knapp sechs Wochen.

Gehen Sie zwei Häuserblocks zurück und biegen Sie nach rechts in die Rue Joseph Bara ein.

Ernest und Hadley Hemingway mit Bumby in Österreich, Anfang 1925.

⑰ Das Atelier von Moïse Kisling Rue Joseph Bara

Als Marc Chagall nach der Revolution aus Rußland fliehen mußte, kam er 1923 nach Paris zu seinen osteuropäischen Emigrantenfreunden zurück. Im neuen Rußland war Chagall mit seinen Bildern mit den sozialistischen Kunstmaximen in Konflikt geraten.
Chagall besuchte damals häufig den russischen Maler Moïse Kisling in seinem Atelier, das in dieser Straße lag. Kisling, ein geselliger und warmherziger Mann, empfing gern Maler, Kunsthändler und Modelle des Montparnasse in seinem Atelier, und es wurde bald zu einem Zentrum geselligen Lebens. Die junge Kiki saß ihm oft Modell, und Kisling wurde mit den durchsichtig verschleierten Aktporträts berühmt.
Überqueren Sie die Rue d'Assas zur Rue Michelet und gehen Sie durch den Jardin de l'Observatoire zum Boulevard Saint-Michel. Das nächste Ziel befindet sich auf der anderen Straßenseite.

⑱ Hôtel des Mines 125, bd. Saint-Michel

Der litauische Bildhauer Jacques Lipschitz kam 1908 nach Paris, um an der Ecole des Beaux-Arts zu studieren. Als er Gertrude Stein kennenlernte, stand er wie seine Freunde Picasso, Gris und Modigliani unter dem Einfluß des Kubismus. Auch Gertrude Steins Interesse galt dem Kubismus, doch sammelte sie lieber Bilder als Skulpturen. Als sie 1920 Lipschitz für eine Porträtbüste saß, tat sie das vor allem, weil sie den Bildhauer charmant fand und er großartigen Klatsch zu erzählen hatte. Während einer Sitzung soll sie gefragt haben: »Wen, glauben Sie, gibt es neben Shakespeare und mir in der englischen Literatur?« Seine Antwort ist nicht überliefert. Die polierte Büste stellt Gertrude Stein als Buddha dar, mit einem Dutt und hohlen Augen, da es für Lipschitz schwierig war, die Schatten des Introspektiven abzubilden, die seinem Empfinden nach typisch für Gertrude Steins Augen waren.
Kurz vor der Besetzung von Paris durch Hitler flüchtete Lipschitz nach Südfrankreich, von dort aus nach Amerika. 1962 kehrte er nach Europa zurück, doch hielt er sich fortan mehr in Italien auf, wo er bis zu seinem Tod 1972 ein umfangreiches Werk schuf.

Man Rays berühmtes Selbstporträt, 1929.

Wenden Sie sich nach rechts und gehen einen Häuserblock weit, dann biegen Sie nach links in die Rue du Val-de-Grâce ein.

⑲ Das Atelier von Man Ray
8, rue du Val-de-Grâce

Man Ray war bald so erfolgreich, daß er sich 1929 zwei Ateliers leisten konnte. Wie bereits erwähnt, fotografierte er nicht nur die Kunstszene vom Montparnasse, sondern auch die wohlhabenden Pariser. Zu seinen Objekten gehören aber auch Gebilde aus Wäscheklammern und Wäschekörben, ein von einer Klosettbrille eingerahmtes Ei, ein Einmachglas mit Kugellagern in Öl und ein Wecker in einem mit Tabakrauch gefüllten Behälter. Aus dem Jahr 1929 stammt sein Selbstporträt mit Wecker, einer Pistole in der Hand und einem Henkersseil um den Hals.

Mit der Kuppel des Val-de-Grâce im Blick setzen Sie Ihren Weg zur Place Alphonse Laveran fort, biegen nach links in die Rue Saint-Jacques ein und gehen auf die andere Straßenseite.

⑳ Schola Cantorum
269, rue Saint-Jacques

Die Schola Cantorum wurde 1896 als Denkmal für César Franck errichtet und bot eine traditionelle Ausbildung in Musik, Tanz und Schauspielkunst an. 1919 studierte der Komponist Cole Porter hier, nachdem er im Ersten Weltkrieg bei den amerikanischen Streitkräften in Frankreich gedient hatte.

Erik Satie, 1866 geboren, spielte als junger Mann in den Cafés auf dem Montmartre Klavier. Er staffierte sich aus wie ein echter Bohémien – Samtjackett, wehende Krawatte, weicher Filzhut, Bart und Monokel. Obwohl er den Ruf eines Exzentrikers hatte, galt er schon damals als ernstzunehmender Komponist. Mit achtzehn begann er mit der Komposition seiner Klavierstücke, der drei *Gymnopédies*, die er 1888 abschloß. Sie gehören heute zu seinen bekanntesten Werken. Im gleichen Jahr kehrte er dem wilden Kabarettleben den Rücken, zog in einen Pariser Vorort und lebte dort viele Jahre in Stille und Abgeschiedenheit. 1904 bewarb Satie sich um ein Stipendium an der Schola Cantorum.

Satie hat sich konsequent geweigert, kunstvoll aufgebaute symphonische Stücke nach traditionellem Muster zu schreiben. Er wollte einfache, aber gehaltvolle Klavierstücke komponieren. Saties innovative Schlichtheit beeinflußte viele Zeitgenossen und war bahnbrechend für die experimentelle Dissonanz moderner Komponisten des 20. Jahrhunderts.

Folgen Sie der Rue Saint-Jacques bis zur ersten Straßenecke, der Rue des Feuillantines, in die Sie nach rechts einbiegen. Gehen Sie an der nächsten Ecke nach links in die Rue d'Ulm.

㉑ Ecole Normale Supérieure
Rue d'Ulm

Wenn Sie Ende der Zwanziger Jahre in den frühen Abendstunden an den Mauern dieser renommierten Schule, an der viele Größen der literarischen Welt studiert haben, vorbeigegangen wären, hätten Sie den jungen Samuel Beckett hören können, wie er zur Unterhaltung der Studenten auf seiner

Samuel Beckett. Foto von Gisèle Freund.

Flöte melancholische irische Weisen spielte. Da er nur einen Studenten zu unterrichten hatte, brauchte er erst am späten Vormittag aufzustehen. Er verabredete sich mit ihm im Dôme, und zusammen lasen sie dort Shakespeare.
Beckett war 1928 als Graduate des Trinity College in Dublin nach Paris gekommen, um an der Ecole für zwei Jahre als Dozent für Englisch zu arbeiten. Der hochgewachsene, magere junge Ire mit den dicken Brillengläsern hatte James Joyces *Ulysses* gelesen und war nun dankbar für die Gelegenheit, in Paris Joyce – ohne Bezahlung – vorlesen und Besorgungen für ihn erledigen und so dem Landsmann seine Bewunderung ausdrücken zu können. 1930 kehrte er als Dozent für französische Literatur zurück, ging aber 1938 wieder nach Paris, um für immer dort zu bleiben. Er hatte so wenig Geld, daß er sich nicht einmal eine Ausleihkarte für Shakespeare and Company leisten konnte. So las er die Bücher im Laden. Seit 1945 schreibt er seine Texte auf französisch. Anfang der fünfziger Jahre entstand Becketts berühmtestes Bühnenstück *Warten auf Godot* (*En attendant Godot*, 1953). 1969 erhielt er den Nobelpreis für Literatur. Beckett, jetzt über achtzig, lebt heute zurückgezogen in Paris und arbeitet immer noch unermüdlich.
Folgen Sie der Rue d'Ulm bis zur Rue Erasme, in die Sie nach rechts einbiegen. Nach einem Häuserblock biegen Sie nach links in die Rue Rataud ein, an der nächsten Ecke wieder nach links in die Rue Lhomond, dann nach rechts in die Rue Amyot.

22 Wohnung der Familie von Jeanne Hébuterne 5, rue Amyot

In dieser kleinen Straße wohnte die Familie von Jeanne Hébuterne, der Lebensgefährtin von Amedeo Modigliani. Verzweifelt darüber, daß ihr Geliebter am Tag zuvor gestorben war, stürzte sich Jeanne Hébuterne vom Balkon im fünften Stock. Das Paar wurde nebeneinander auf dem Friedhof Père-Lachaise beigesetzt.
Gehen Sie bis zur nächsten Ecke und biegen nach links in die Rue Tournefort ein, dann nach rechts in die Rue Blainville, der Sie bis zum Ende folgen.

23 Place de la Contrescarpe

Stellen Sie sich hier die Figuren Wladimir und Estragon aus Becketts *Warten auf Godot* vor, an einen Baum gelehnt, eine Flasche Wein trinkend. Der malerische Ort wird hauptsächlich von Clochards aufgesucht, die Sie im Winter auf Heizungsrohren zusammengekauert finden, im Sommer im Schatten der Bäume sitzend, und die von den Abfällen der Märkte in der Nachbarschaft und von Almosen der Touristen und Käufer in der angrenzenden engen Rue Mouffetard leben.
Zweimal beschreibt Hemingway in seinen Büchern die Place de la Contrescarpe. In seinem Roman *Schnee auf dem Kilimandscharo* (*The Snows of Kilimanjaro*, 1936) heißt es: »Das konnte man diktieren, aber man konnte nicht die Place Contrescarpe diktieren, wo die Blumenverkäufer ihre Blumen auf der Straße färbten, und der Farbstoff dort, wo der Autobus abfuhr, über das Pflaster lief, und

die alten Männer und Frauen ewig von Wein und Fusel betrunken waren, und wo den Kindern bei der Kälte die Nasen liefen, und auch nicht den Geruch von schmutzigem Schweiß, von Armut und Betrunkenheit im Café des Amateurs und den Huren vom *bal musette,* über dem sie wohnten.« (S. 65) In *Paris – ein Fest fürs Leben* beschreibt Hemingway den Platz bei regnerischem Winterwetter, wenn ein kalter Wind durch Bäume fährt und die Blätter mit sich reißt.

Überqueren Sie die Place de la Contrescarpe zur Rue du Cardinal-Lemoine.

㉔ Wohnung von Ernest und Hadley Hemingway 74, rue du Cardinal-Lemoine

Hier unter dem Dach war die erste gemeinsame Wohnung von Ernest und Hadley Hemingway, in der sie 1922 lebten. Man erreichte sie über fünf schmale, sich windende Treppen. Die Zimmer hatten seltsame Formen, scharfe und stumpfe Winkel und unerwartete ebene Flächen. Im Schlafzimmer stand ein großes, goldverziertes Bett aus imitiertem Mahagoni, ein Kamin, der mit Kohle geheizt wurde, war die einzige Wärmequelle. Das Eßzimmer – ein Wohnzimmer gab es nicht – war vollgestopft mit einem häßlichen Eichentisch und mehreren Stühlen. Nur einer konnte sich jeweils in der winzigen Küche mit dem zweiflammigen Gasherd aufhalten. Hemingway beschrieb, was sie mochten, die schöne Aussicht zum Beispiel, und nannte es »eine freundliche, heitere Wohnung«.

Für Hemingway, der damals noch um seine Existenz als Schriftsteller kämpfen mußte, und seine Frau bestand das Mittagessen oft nur aus einem Ei, Salzkartoffeln und Wein. Nachdem Gertrude Stein die Hemingways kennengelernt hatte, kam es manchmal vor, daß sie das einfache Mahl mit ihnen teilte. Bei einem solchen Anlaß las sie Hemingways Kurzgeschichte *Oben in Michigan* (*Up in Michigan,* 1923). Er hat festgehalten, wie Gertrude Stein darüber urteilte: »›Sie ist gut‹, sagte sie. ›Das ist überhaupt keine Frage. Aber sie ist *inaccrochable.* Das heißt, sie ist wie ein Bild, das ein Maler malt, das er aber dann nicht aufhängen kann, wenn er eine Ausstellung hat, und niemand wird es kaufen, weil keiner es aufhängen kann.‹« (*Paris – ein Fest fürs Leben,* S. 202)

Am Abend ging das Ehepaar Hemingway oft nach nebenan in den *bal musette,* wo heute eine Diskothek ist. Das Tanzlokal war dunkel und eng, Holztische und Bänke standen an den Wänden. Auf der kleinen Tanzfläche bewegten sich Paare, die vorher Gutscheine für einen Tanz kaufen mußten. Jeder konnte mit jedem tanzen. Obwohl Hadley Hemingway sich vor den rauhen Burschen fürchtete, die sie zum Tanzen aufforderten, hatte ihr Mann an der verrauchten Atmosphäre sein Vergnügen.

Als Ezra Pounds berüchtigte Partys zu wild für seine Wohnung an der Rue Notre-Dame-des-Champs wurden, lud er die angeheiterten Gäste in dieses Tanzlokal ein. Nach einiger Zeit wurden sie aber selbst hier zu laut, und Pound stellte die wöchentlichen Treffen ein.

Gehen Sie bergab bis zum nächsten Ziel. Sie gehen durch einen schmalen Durchgang zu den Häusern an der Rückseite.

㉕ Wohnung von James Joyce 71, rue du Cardinal-Lemoine

James Joyce beendete sein monumentales und umstrittenes Werk *Ulysses* hier in der Wohnung des französischen Schriftstellers Valery Larbaud. Larbaud lebte 1921–22 auf dem Land und überließ Joyce seine Wohnung, da er der Ansicht war, Joyce würde sich hier wohler fühlen als in einem Hotel. Larbaud über Joyce: »Ich bewundere Joyce, und ich bin sicher, daß von allen Zeitgenossen er allein für die Nachwelt von Bedeutung sein wird.« Larbaud gehörte zu einer Gruppe von jungen französischen Schriftstellern, deren Texte Adrienne Monnier in ihrer *Gazette des Amis des Livres* gedruckt hat.
Joyce hielt viel auf die Meinung der französischen Schriftsteller und Kritiker. Die Autoren aus Larbauds Generation reagierten positiv auf sein Werk, doch Paul Valéry, Paul Claudel, Marcel Proust und André Gide, die zehn Jahre früher geboren waren, standen Joyce entweder kritisch oder gleichgültig gegenüber.
In *Paris Was Our Mistress* beschreibt Samuel Putnam einen Abend, an dem Gertrude Stein nach ihrer Meinung über Joyce gefragt wurde: »Joyce, gestand sie zu, ist *gut* (das Kursive lag in ihrer Stimme). Er ist ein *guter* Schreiber. Die Leute mögen ihn, weil er unverständlich ist, und jedermann ihn verstehen kann. Aber wer kam zuerst, Gertrude Stein oder James Joyce? Vergessen Sie nicht, daß mein erstes größeres Buch *Drei Leben* 1908 erschienen ist. Das war lange vor *Ulysses*. Aber Joyce *hat etwas* geschaffen Doch sein Einfluß ist *begrenzt*.«
Gehen Sie zurück zur Rue Thouin, in die Sie einen Häuserblock weit nach rechts hineingehen. Biegen Sie nach rechts in die Rue Descartes ein.

㉖ Atelier von Ernest Hemingway 39, rue Descartes

In einem Zimmer im obersten Stock, demselben, in dem der kranke Paul Verlaine seine letzten Jahre verbracht hatte, verfaßte Ernest Hemingway, auf einem Bett liegend, seine frühen Erzählungen. Für diesen ruhigen Arbeitsplatz bezahlte er 60 Francs im Monat. An kühlen Tagen röstete er Kastanien in dem kleinen Kamin. Wenn es im Zimmer zu kalt wurde, boten die Cafés in der Umgebung, in deren Glasveranden Holzkohlepfannen standen, einen warmen Platz zum Arbeiten. Während er sich an dem einen *café crème*, den er sich gerade leisten konnte, so lange wie möglich festhielt, schrieb er seine Texte in blaue französische Schulhefte. Später tippte er sie auf einer »Corona«-Reiseschreibmaschine, einem Weihnachtsgeschenk seiner Frau, ab.
Im Oktober 1917, mit 21 Jahren, kam John Dos Passos nach Paris und wohnte hier in einem »kleinen eisigen Raum«. Die Miete betrug nur acht Francs pro Woche. Eigentlich wollte Dos Passos Architektur studieren, malte aber und begann zu schreiben. Er meldete sich freiwillig als Fahrer bei der Norton-Harjes-Ambulance-

Group, was Malcolm Cowley einen »erweiterten Collegekurs für eine Generation von Schriftstellern« genannt hat.

Folgen Sie der Rue Descartes bis zur ersten Straßenecke. Sie kommen am Lycée Henri IV. vorbei, einem der angesehensten Gymnasien von Paris, in dem so berühmte Leute wie Alfred Jarry zur Schule gingen und Jean-Paul Sartre Lehrer war. Wenden Sie sich nach links zum Panthéon, an dem Sie links vorbeigehen in Richtung Rue Soufflot.

27 Place du Panthéon

Ursprünglich stand Rodins berühmte Skulptur *Der Denker* vor dem Panthéon. Nach dem Tod des Künstlers ließ die französische Regierung sie ins Hôtel Biron bringen, in dem sich heute das Musée Rodin befindet. Emile-Antoine Bourdelle, ein Schüler von Rodin, sagte von seinem Meister: »Rodin hauchte dem Stein Leben ein. Er machte seine Männer und Frauen wahrhaft menschlich, und damit steht er allein.« Der Surrealist André Breton wohnte in dem nahe gelegenen Hôtel des Grands-Hommes.

Mitte der dreißiger Jahre, als Picasso zu dichten begonnen hatte, kam es zu einem Streit zwischen ihm und Gertrude Stein über seine neueste künstlerische Entwicklung – und über Breton: »... aber Sie sagten doch Maler können nicht dichten, nun sie können es auch nicht sagte ich, schauen Sie sich selbst an, meine Dichtung ist gut sagte er Breton sagt es, Breton sagte ich Breton bewundert alles worunter er seinen Namen setzen kann und Sie wissen so gut wie ich daß sich in hundert Jahren niemand mehr an seinen Namen erinnern wird Sie wissen das voll und ganz, nun gut murmelte er man sagt er könne schreiben, ja sagte ich Sie glauben aber doch auch nicht alles was man so sagt ob jemand malen kann ...« (*Jedermanns Autobiographie*, S. 45)

Schließen Sie sich jetzt Hemingway an, der über seinen Spaziergang in diesem Viertel schreibt: »Ich ging hinunter am Lycée Henri-Quatre vorbei und an der uralten Kirche Saint-Etienne-du-Mont und der windgepeitschten Place du Panthéon und bog schutzsuchend rechts ab und kam schließlich auf der vom Wind geschützten Seite des Boulevard Saint-Michel heraus und arbeitete mich weiter hinunter am Cluny vorbei und überquerte den Boulevard Saint-Germain, bis ich auf der Place Saint-Michel zu einem gute Café kam, das ich kannte.« (*Paris – ein Fest fürs Leben*, S. 196) Dort bestellte Hemingway einen Rum St. James.

Folgen Sie der Rue Soufflot bis zur Place Edmond Rostand, biegen Sie nach rechts in den Boulevard Saint-Michel ein, folgen Sie ihm bis zum Quai Saint-Michel, in das Sie nach rechts einbiegen. Die Verlängerung heißt dann Quai de Montebello. Hier, im Schatten der Kathedrale von Notre-Dame, endet der fünfte, der letzte Spaziergang.

28 Die neue Shakespeare and Company 37, rue de la Bûcherie

Anfang Juni 1940 wimmelte es in der Rue de l'Odéon vor der ursprünglichen Buchhandlung Shakespeare and

James Joyce und Adrienne Monnier, Rue de l'Odéon, 1928. Foto von Gisèle Freund.

Company von Menschen, die aus Paris fliehen wollten. Sylvia Beach schreibt: »Ein wunderschöner Junitag im Jahr 1940. Sonne und blauer Himmel. In Paris waren nur mehr etwa 25 000 Menschen übriggeblieben. Adrienne und ich gingen hinüber zum Boulevard Sébastopol und sahen mit tränenverschleierten Augen, wie die Flüchtlinge durch die Stadt zogen. Sie kamen beim Osttor herein, durchquerten Paris über den Boulevard Saint-Michel und den Jardin du Luxembourg und verließen es durch die Porte d'Orléans und die Porte d'Italie: Ochsenkarren, hochgetürmt mit Haushaltsgeräten, oben darauf noch Kinder, alte Leute, Kranke, schwangere Frauen und Frauen mit Babies, Geflügel in Körben, Hunde und Katzen...« (*Shakespeare and Company,* S. 236)

Trotz des Einmarschs der Deutschen am 14. Juni 1940 war Sylvia Beach entschlossen, ihre Buchhandlung geöffnet zu lassen, und setzte sich über alle Aufrufe der amerikanischen Botschaft, Paris zu verlassen, hinweg. Virgil Thomson schlug sich zu den Pyrenäen durch, dann über Lissabon nach Amerika, eine Route, die auch Man Ray, Salvador Dali und Robert McAlmon nahmen. Gisèle Freund fuhr nach Argentinien, Josephine Baker gelang es, zu ihrem Château in Südfrankreich zu kommen, Jules Romains und André Breton wanderten in die Vereinigten Staaten aus, und Gertrude Stein und Alice B. Toklas wurden in Ostfrankreich von französischen Beamten geschützt.

Gertrude Stein prophezeite, daß der Krieg vorbei sein würde, wenn sie alle Buchsbaumhecken im Garten von Bilignin beschnitten hätte. Am 8. August 1940 war sie mit dem Beschneiden fertig. Der Krieg war noch nicht zu Ende, und sie schrieb in *A Picture of Occupied France:* »...vielleicht werden sie alle darauf kommen, was die Franzosen so genau wissen, daß der Gewinner verliert, und sie alle werden genauso sein wie die Franzosen, nämlich ungeheuer beschäftigt mit der Bewältigung des täglichen Lebens, und das wird ihnen reichen.« (*Selected Writings,* S. 637)

Bis Ende 1940 blieb Shakespeare and Company geöffnet, mit nur 53 Mitgliedern der Leihbücherei, zu denen auch Simone de Beauvoir gehörte. Als nach dem Eintritt der USA in den Krieg 1941 ein deutscher Offizier damit drohte, alle Bücher zu beschlagnahmen (vgl. S. 86), schloß Sylvia Beach Shakespeare and Company für immer.

Hemingway aber schrieb: »Paris hat kein Ende, und die Erinnerung eines jeden Menschen, der dort gelebt hat, ist von der jedes anderen verschieden. Wir kehrten immer wieder dorthin zurück, ganz gleich, wer wir waren, oder wie es sich verändert hatte, oder unter welchen Schwierigkeiten, oder mit welcher Mühelosigkeit man hingelangen konnte. Paris war es immer wert, und man bekam den Gegenwert für alles, was man hinbrachte. Aber so war das Paris unserer ersten Jahre, als wir sehr arm und sehr glücklich waren.« (*Paris – ein Fest fürs Leben,* S. 310)

Und Gertrude Stein schrieb, daß das 20. Jahrhundert ein Jahrhundert sei, »welches die Erde sieht, wie noch keiner sie geschaut, hat die Erde eine Großartigkeit, die sie noch nie gehabt hat, und da sich im 20. Jahrhundert alles zerstört und nichts fortgesetzt wird, hat das 20. Jahrhundert eine ihm eigene Großartigkeit, und Picasso ist von diesem Jahrhundert; er hat diese seltsame Eigenart einer Erde, die man noch nie gesehen hat, und der zerstörten Dinge, die wie nie zuvor zerstört worden sind.« (*Picasso*, S. 54)

Literaturverzeichnis

Aldridge, John W.: After the Lost Generation. A Critical Study of the Writers of Two Wars. London: Vision Press 1951

Allan, Tony: Americans in Paris. Chicago: Contemporary Books 1977

Anderson, Chester C.: James Joyce and His World. London: Thames and Hudson 1967

Anderson, Margaret: My Thirty Years' War. An Autobiography. New York: Covici, Friede 1930

Anderson, Sherwood, und Stein, Gertrude: Briefwechsel und ausgewählte Essays. Hg. von Ray Lewis White. Frankfurt a. M.: Suhrkamp 1985

Baker, Carlos: Hemingway. Die Geschichte eines abenteuerlichen Lebens. München, Wien, Zürich: Praeger 1971

Barnes, Djuna: Nachtgewächs. Mit einem Vorwort von T. S. Eliot. Frankfurt a. M.: Suhrkamp 1959

Beach, Sylvia: Shakespeare and Company. Ein Buchladen in Paris. Frankfurt a. M.: Suhrkamp 1982

Beach, Sylvia (Ed.): Les Années Vingt. Les Écrivains Américains à Paris et leurs Amis. 1920–1930. Exposition du 11 mars au 25 avril 1959. Paris: Centre Culturel Américain 1959

Bell, Millicent: Edith Wharton & Henry James. The Story of Their Friendship. New York: George Braziller 1965

Benstock, Shari: Women of the Left Bank. Paris 1900–1940. Austin: University of Texas Press 1986

Berg, A. Scott: Max Perkins. Editor of Genius. New York: E. P. Dutton 1978

Burgum, Edwin Berry: The Novel of the World's Dilemma. New York: Oxford University Press 1947

Bertrand, Jules: Paris 1870–1945. London 1946

Brinnin, John Malcolm: Die dritte Rose. Gertrude Stein und ihre Welt. Stuttgart: Goverts 1961

Bruccoli, Matthew J., and Duggan, Margaret M. (Ed.): Correspondence of F. Scott Fitzgerald. New York: Random House 1980

Burnett, Avis: Gertrude Stein. New York: Atheneum 1972

Callaghan, Morley: That Summer in Paris. Memories of Tangled Friendships with Hemingway, Fitzgerald and Some Others. New York: Coward-McCann 1963

Charles-Roux, Edmonde: Chanel. Tübingen: Wunderlich 1976

Charters, James: This Must Be the Place. Memoirs of Montparnasse. London: Herbert Joseph 1934

Conrad, Barnaby III: Museum of the Twentieth Century. In: San Francisco Chronicle Review (Dez. 1987)

Cowley, Malcolm: Exile's Return. A Literary Odyssey of the 1920s. New York: The Viking Press 1951

ders.: A Second Flowering. Works and Days of the Lost Generation. New York: The Viking Press 1973

Culbertson, Judi: Permanent Parisians. Chelsea: Chelsea Green Publishing Company 1986

Cummings, Edward Estlin: Der ungeheure Raum. Zürich: Arche 1961

Donnelly, Honoria Murphy: Sara and Gerald. New York: Holt, Rinehart and Winston 1984

Dos Passos, John: Die schönen Zeiten. Jahre mit Freunden und Fremden. Erinnerungen. Reinbek: Rowohlt 1969

Earnest, Ernest: Expatriates and Patriots. American Artists, Scholars and

Writers in Europe. Durham, North Carolina: Duke University Press 1968
Fabe, Maxene: Beauty Millionaire. The Life of Helena Rubenstein. New York: Crowell 1972
Faulkner, William: Briefe. Ausgewählt und aus dem Amerikanischen von Elisabeth Schnack. Zürich: Diogenes 1982 (dtb 20958)
Fitzgerald, F. Scott: Zärtlich ist die Nacht. Zürich: Diogenes 1982
Fitch, Noel Riley: Sylvia Beach. Eine Biographie im literarischen Paris 1920–1940. Frankfurt a. M.: Insel 1988
Flanner, Janet: An American in Paris. Profile of an Interlude between Two Wars. New York: Simon and Schuster 1940. London: Hamilton 1940
dies.: Paris Was Yesterday: 1925–1939. Ed. by Irving Drutman. New York: The Viking Press 1972
Janet Flanner's World: Uncollected Writings, 1932–1975. Ed. by Irving Drutman. New York: Hartcourt, Brace, Jovanovich 1979
Ford, Hugh: Four Lives in Paris. San Francisco: North Point Press 1987
ders. (Ed.): Nancy Cunard. Brave Poet, Indomitable Rebel, 1896–1965. Philadelphia: Chilton 1968
ders.: Published in Paris. American and British Writers, Printers, and Publishers in Paris, 1920–1939. New York: MacMillan 1975
Four Americans in Paris. The Collections of Gertrude Stein and Her Family. New York: Museum of Modern Art 1970
Freund, Gisèle: Photographien 1932–1981. Mit autobiographischen Texten. München: Schirmer, Mosel 1985
Gajdusek, Robert E.: Hemingway's Paris. New York: Scribner's 1978
Gallup, Donald (Ed.): The Flowers of Friendship. Letters Written to Gertrude Stein. New York: Knopf 1953
Hemingway, Ernest: Fiesta. In: Gesammelte Werke in sechs Bänden, Bd. 1. Reinbek: Rowohlt 1977
ders.: Inseln im Strom, a. a. O. Bd. 3
ders.: Paris – ein Fest fürs Leben, a. a. O. Bd. 6
ders.: 49 Depeschen, a. a. O. Bd. 6
ders.: Schnee auf dem Kilimandscharo, a. a. O. Bd. 4
ders.: Ausgewählte Briefe 1917–1961. Glücklich wie die Könige. Reinbek: Rowohlt 1984
Hemingway, Leicester: Mein Bruder Ernest. Reinbek: Rowohlt 1962
Hobhouse, Janet: Everybody Who Was Anybody. A Biography of Gertrude Stein. New York: G. P. Putnam's Sons 1975
Horton, Philip: Hart Crane. The Life of an American Poet. New York: The Viking Press 1957
Hotchner, A. E.: Papa Hemingway. München: Piper 1966
Huddleston, Sisley: Paris Salons, Cafés, Studios. Being Social, Artistic and Literary Memories. Philadelphia: Lippincott 1928
Hunter, Sam: Modern French Painting, 1855–1956. New York: Dell 1960
Josephson, Matthew: Life Among the Surrealists: A Memoir. New York: Holt, Rinehart and Winston 1962
Kert, Bernice: Die Frauen Hemingways. Frankfurt a. M., Berlin: Ullstein 1987
Landes, Alison and Sonia: Pariswalks. New York: Holt, Rinehart and Winston 1982

Lemaitre, Georges: From Cubism to Surrealism in French Literature. Cambridge, Mass.: Harvard University Press 1941
Leng, Felicity: Hemingway's Paris. In: Paris Magazine (Herbst 1984)
Lewis, R. W. B.: Edith Wharton. A Biography. New York: Harper and Row 1976
McAlmon, Robert: Being Geniuses Together, 1920–1930. London: Michael Joseph 1970
McDougall (Ed.): The Very Rich Hours of Adrienne Monnier. New York: Scribner's 1976
Mellow, James R.: Charmed Circle. Gertrude Stein & Company. New York: Praeger 1974
Mercure de France 349 (August/September 1963): Memorial Edition to Sylvia Beach. Nachdruck u. d. T.: Sylvia Beach (1887–1963). Paris: Mercure de France 1963
Meyers, Jeffrey: Hemingway. A Biography. New York: Harper and Row 1985
Milford, Nancy: Zelda. Die Biographie des amerikanischen Traumpaares Zelda und F. Scott Fitzgerald. München: Droemer 1987
Miller, Henry: Mein Leben und meine Welt. Reinbek: Rowohlt 1974
ders.: Stille Tage in Clichy. Reinbek: Rowohlt 1983
ders.: Wendekreis des Krebses. Reinbek: Rowohlt 1979
Monnier, Adrienne: Rue de l'Odéon. Paris: Editions Albin Michel 1960
Morley, Sheridan: Oscar Wilde. London: Weidenfeld & Nicolson 1976
Morton, Brian: Americans in Paris. Ann Arbor: The Olivia & Hill Press 1984
Neagoe, Peter (Ed.): Americans Abroad. An Anthology. The Hague: Servire Press 1932
Nin, Anaïs: Die Tagebücher der Anaïs Nin. Hg. von Gunther Stuhlmann. Bd. 2: 1934–1939. München: Deutscher Taschenbuchverlag 1972
Nowell, Elizabeth: Thomas Wolfe. A Biography. New York: Doubleday 1960
Orwell, George: Erledigt in Paris und London. Zürich: Diogenes 1978
Paul, Elliot: The Last Time I Saw Paris. New York: Random House 1942. – U. d. T.: A Narrow Street. London: Cresset 1942. Dt. u. d. T. Die kleine Gasse. Stockholm: Bermann-Fischer 1944
Perlès, Alfred: My Friend Henry Miller. London: Neville Spearman 1955
Plimpton, Georges (Ed.): Writers at Work. The Paris Review Interviews. Second Series. New York: The Viking Press 1963
Poli, Bernard J.: Ford Madox and the Transatlantic Review. Syracuse, N. Y.: Syracuse University Press 1967
Porter, Katherine Anne: Das Narrenschiff. Reinbek: Rowohlt 1987
Pound, Ezra, und Joyce, James: Die Geschichte ihrer Beziehung in Briefen und Dokumenten. Hg. und kommentiert von Forrest Read. Zürich: Arche 1972
Putnam, Samuel: Paris Was Our Mistress: Memoirs of a Lost and Found Generation. New York: The Viking Press 1947
Richardson, Joanna: Colette. München: Heyne 1985
Rogers, W. G.: When This You See, Remember Me. Gertrude Stein in Person. New York: Rinehart 1948

Rood, Karen Lane (Ed.): American Writers in Paris, 1920–1939. (Dictionary of Literary Biography. Vol. 4.) Detroit: Gale 1980
Schorer, Mark: Sinclair Lewis. An American Life. New York: McGraw-Hill 1961
Shattuck, Roger: The Banquet Years. The Origins of the Avant-Garde in France 1885 to World War I. Rev. Ed. London: Jonathan Cape 1969
Simon, Linda: The Biography of Alice B. Toklas. New York: Doubleday 1977
Stein, Gertrude: Autobiographie von Alice B. Toklas. Zürich: Arche 1985
dies.: Jedermanns Autobiographie. Frankfurt a. M.: Suhrkamp 1986
dies.: Kriege die ich gesehen habe. Frankfurt a. M.: Suhrkamp 1984
dies.: Matisse, Picasso and Gertrude Stein, with Two Shorter Stories. Paris: Plain Edition 1933
dies.: Paris Frankreich. Frankfurt a. M.: Suhrkamp 1975
dies.: Picasso. Zürich: Arche 1958
dies.: Selected Writings of Gertrude Stein. Ed. by Carl Van Vechten. New York: Random House 1946
Stein, Leo: Appreciations: Painting, Poetry and Prose. New York: Crown 1947
Steward, Samuel M. (Ed.): Dear Sammy. Letters from Gertrude Stein and Alice B. Toklas. Boston: Houghton Mifflin 1977
This Quarter. Hg. von Ernest Walsh und Ethel Moorhead. Paris, Milan, Monte Carlo: 1925–1927. Hg. von Edward Titus. Paris 1929–1932.
Toklas, Alice B.: The Alice B. Toklas Cookbook. New York: Harper 1954
dies.: What Is Remembered. New York: Holt, Rinehart and Winston 1963
Tomkins, Calvin: Living Well is the Best Revenge. New York: The Viking Press 1962
Transatlantic Review. Ed. by Ford Madox Ford. Paris 1924–1925
transition. Ed. by Eugène Jolas, Elliot Paul and Robert Sage. Paris 1927–1938
Wharton, Edith: A Backward Glance. New York: Scribner's 1964
Whitman, George: Rag and Bone Shop of the Heart. In: Paris Magazine (Herbst 1984)
Wickes, Georges: Americans in Paris. New York: Doubleday 1969
Williams, Roger: Let's Meet at La Coupole. In: European Travel and Life. New York, Dezember 1987
Williams, William Carlos: The Autobiography of William Carlos Williams. New York: New Directions Publishing Corp. 1967
Wilson, Edmund: A Literary Chronicle: 1920–1950. New York: Doubleday 1956
ders.: The Twenties. From Notebooks and Diaries of the Period. Ed. by Leon Edel. New York: Farrar, Straus and Giroux 1975
Wiser, William: The Crazy Years: Paris in the Twenties. New York: Atheneum 1983
Wolfe, Thomas: Von Zeit und Strom. Eine Legende vom Hunger des Menschen. Hamburg: Rowohlt 1952
Wolff, Geoffrey: Black Sun. The Brief Transit and Violent Eclipse of Harry Crosby. New York: Random House 1976

Danksagung in der amerikanischen Originalausgabe

Sarah Bernhardt hat gesagt, San Francisco sei nach Paris ihre Lieblingsstadt. Nach San Francisco ist mir Paris am liebsten. Meine ersten Fußwanderungen habe ich in der Stadt an der Golden Gate Bridge unternommen. Die Idee zu so manchem dieser Ausflüge kam von Margo Patterson Doss, der Autorin des Buches *San Francisco at Your Feet,* die im *Chronicle* eine Kolumne schreibt.

Ich bin dankbar für die großzügige Unterstützung, die ich beim Schreiben dieses Buches von so vielen Leuten erfahren habe. Mein wichtigster Berater, Kartograph und Begleiter war mein Mann, der einem sehr kalten europäischen Winter die Stirn geboten hat, damit ich mein Manuskript erarbeiten konnte.

Für die Beschaffung von Quellenmaterial danke ich James W. Davis, Rare Book Librarian, Department of Special Collections, Library of the University of California in Los Angeles; Brenda Lockwood, Bibliothekarin der American High School Bitburg, Bundesrepublik Deutschland; George Whitman, Shakespeare and Company, Paris; Virginia Padover, San Francisco.

Für Abbildungen danke ich Gisèle Freund und Gregory Lawrance.

Für das Lesen des Manuskripts danke ich Celine Passage, Fulton W. Haight und Sandra Lundgren.

Für ihre Anregungen als Lehrerin für Literatur danke ich Lynn Snyder.

Für sein Vertrauen in dieses Projekt danke ich Gibbs M. Smith.

Für ihre Geduld, ihren Kenntnisreichtum und ihr Engagement bei der Herausgabe dieses Buches danke ich Mona Letourneau.

Für ihren Ansporn, den sie mir mit ihrem wiederholten Nachfragen »Wann kommt dein Buch heraus?« gaben, danke ich meinen Freunden in Kyllburg, Bundesrepublik, in Paris und Amerika.

Bildnachweis

Berenice Abbott (S. 44); Arche Verlag, Zürich (S. 53, 108); Fondation Arp, Clamart (S. 123); Sylvia Beach Collection, Princeton University Library (S. 13, 22, 54, 77, 85, 86, 87, Cover); Mrs. William A. Bradley (S. 20); Brassaï, Paris (S. 120, 125); Paul Brown (S. 38); Photo Collection Jean Chalon, Paris (S. 39); Collège de Pataphysique (S. 97 u.); Condé Nast Publications (S. 52 o.); Cone Archives, The Baltimore Museum of Art (S. 98); aus: Copland, Aaron, u. Perlis, Vivian: 1900 through 1942. London, Boston: Faber and Faber, 1984 (S. 60, 92); aus: du, Juli 1971. Foto: Istvan Kertész (S. 127); aus: Faderman. Lillian: Surpassing the Love of Men. New York: William Morrow 1981 (S. 40); aus: Ford, Four Lives in Paris (S. 58, 115); aus: ders.: The Left Bank Revisited. The Pennsylvania State University Press 1972 (S. 80 o.); aus: ders., Published in Paris (S. 36, 139, 140); Gisèle Freund, Paris (S. 78, 81, 83, 84, 150, 155); Mrs. William Friedman (S. 121 u.); aus: Fry, Cubism (S. 45); Georg T. Hartmann (S. 21); Harvard University Libraries (S. 18, 64); Hadley Hemingway Mowrer (S. 43, 149); Erich S. Herrmann, Inc. (S. 26); Holt, Rinehart and Winston (S. 30); Humanities Research Center Library, University of Texas, Austin

(S. 34, 52 u., 53); International Museum of Photography at George Eastman House (S. 19); Felicity Leng (S. 46, 57, 74, 113); aus: McAlmon, Being Geniuses Together (S. 25, 63 u., 82); Macbeth Gallery Records, Archives of American Art. The Smithsonian Institution (S. 145); aus: Meyers, Hemingway (S. 95); Mrs. Mary Middleton Murry (S. 75); Sir Roland Penrose, London (S. 62, 129); Philadelphia Museum of Modern Art (S. 32); The Estate of Cole Porter (S. 67); Princeton University Library (S. 80 u., 97, o., 131); Privatbesitz (S. 134 u.); The De Rachewiltz Trust (S. 143); Man Ray Trust, Paris (S. 24, 55, 96, 106, 109, 133, 134 o., 148); aus: Ray, Man: Selbstporträt. München: Schirmer, Mosel 1983 (S. 37, 114, 132); Research Library, Department of Special Collections. University of California, Los Angeles (S. 100, 117); Estate of the late Jean Rhys (S. 93); Maurice Saillet (S. 88); aus: Schneider, Ilya Ilych: Isadora Duncan. The Russian Years (S. 63 o.); Charles Scribner's Art Archives (S. 41); E. Sottsass (S. 35); Süddeutscher Verlag, München (S. 136); aus: Tomkins, Living Well Is the Best Revenge (S. 31); Sammlung Tristan Tzara (S. 126); Archiv Roger Viollet, Paris (S. 47, 51); Janine Warnod, Paris (S. 141); Bill Widney (S. 121 o.); Yale Collection of American Literature (S. 8, 28, 59, 102, 103, 104, 105, 130).
Wir danken allen Rechteinhabern für die freundliche Genehmigung zum Abdruck. In einigen Fällen ist es uns trotz intensiver Nachforschung nicht gelungen, sie zu ermitteln. Wir bitten deshalb, sich mit dem Arche Verlag, Zürich, in Verbindung zu setzen.

Biographische Notiz

Mary Ellen Jordan Haight, geb. in Los Angeles. Lebt in San Francisco. Lehrerin und Therapeutin. 1980 erster Besuch in Paris. Arbeitet z. Zt. an einem Buch über die Rive droîte. *Spaziergänge durch Gertrude Steins Paris* ist ihr erstes Buch.

Gertrude Stein im Arche Verlag

Autobiographie von Alice B. Toklas
Aus dem Amerikanischen von Elisabeth Schnack
312 S. Br.

Drei Leben
Erzählungen
Mit einem Vorwort von Cesare Pavese
Aus dem Amerikanischen von Brigitte Gerlinghoff
320 S. Fotos. Br.

keine keiner
Ein Kriminalroman
Aus dem Amerikanischen
und mit einem Vorwort von Renate Stendhal
Herausgegeben und mit einem Nachwort
von John Herbert Gill.
125 S. Fotos. Geb.

Picasso
Erinnerungen
Aus dem Amerikanischen von Ursula von Wiese
56 S. Geb.

Portraits und Stücke I und II
Geography and Plays I and II
Aus dem Amerikanischen von
Bernd Samland
277 S., 287 S. Geb.

Was ist englische Literatur
Vorlesungen
Aus dem Amerikanischen von Marie-Anne Stiebel
192 S. Br.

Was sind Meisterwerke
Essay
Einführung von Thornton Wilder
Aus dem Amerikanischen von Marie-Anne Stiebel
80 S. Br.

Ezra Pound im Arche Verlag

Cantos I-XXX
Engl.-dt. Ausgabe
Übers. von Eva Hesse
340 S. Geb.

Die Frauen von Trachis
Nach Sophokles
72 S. Br. (Arche Bücherei 710)

Lesebuch
Dichtung und Prosa
Hg. und mit einem biographischen Essay
von Eva Hesse
240 S. Geb. Fotos

Letzte Texte
Entwürfe und Fragmente zu
Cantos CX-CXX
Engl.-dt. Ausgabe
Hg. und übers. von Eva Hesse
104 S. Geb.

Motz el son
Wort und Weise
Essays
Übers. von Eva Hesse
139 S. Fotos. Geb.

Patria mia
Essay
Hg. und eingeleitet von Eva Hesse
Übers. von Hedda Soellner
99 S. Fotos. Geb.

Personae – Masken
Engl.-dt. Ausgabe
Übers. von Eva Hesse
400 S. Geb.

Pisaner Cantos LXXIV-LXXXIV
Engl.-dt. Ausgabe
Hg. und übers. von Eva Hesse
288 S. Fotos. Geb.

Der Revolution ins Lesebuch
72 S. Br. (Arche Nova)

Usura-Cantos XLV und LI
Texte, Entwürfe, Fragmente
Herausgegeben, kommentiert
und mit einem Essay
über »Wachstum und Wucher.
Die Aktualität von Pounds Usura-Begriff«
von Eva Hesse
157 S. Faksimiles. Geb.

Zeitgenossen
Essays
Hg. von Eva Hesse
155 S. Fotos. Geb.

Ezra Pound, Ernest Fenollosa, Serge Eisenstein
Nō – Vom Genius Japans
Hg. von Eva Hesse
Übers. von Wieland Schmied und Walther L. Fischer
309 S. Fotos. Br.

Ezra Pound, James Joyce
Briefe und Dokumente
Die Geschichte einer Beziehung
Hg. und kommentiert von Forrest Read
Übers. von Hiltrud Marschall
479 S. Fotos. Geb.